KB054483

얼굴,
사람과 역사를
기록하다

얼굴,
사람과 역사를
기록하다

배한철 지음

생각정거장

2016년 9월 이 책의 초판을 출간한 지 3년 6개월여 만에 개정 증보판을 내게 되니 감회가 깊다. 다년간 조선 초상화 연구와 연재에 천착해온 필자는 이 책을 낸 뒤에도 꾸준히 초상화 기사를 썼다. 이번 증보판에는 그 이름에 걸맞게 내용을 더하고 구성을 새로이 했다. 대중에게 많이 알려져 다소 진부한 장은 빼고, 새로 쓴 기사 중 가장 흥미로운 부분을 엄선해 실었다.

오늘날의 서울시장보다 훨씬 막강한 권한을 자랑했던 한성의 판윤, 청백리도 탐관오리로 변하게 하던 평안감사 지위, 조선의 대표적 음담패설집에 등장하는 대학자들, 임금의 딸과 결혼하여 부마(사위)가 되는 것을 거부하고 멸문지화를 당했던 간 큰 가문, 걷는 것조차 버거울 만큼 뚱보였던 위인들, 조선의 르네상스를 열었던 노론 강경파들, 무수한 염문을 뿌렸던 조선 최고의 여자 가수 이야기 등 더욱 신선하고 다채로운 우리 역사와 초상화를 만나볼 수 있다.

필자가 초상화에 관심을 두게 된 것은 2014년 퇴계 이황을 재조명하는 기획기사를 준비하면서였다. 지금도 달라진 것이 전혀 없지만, 당시도 여야 정치권은 사사건건 부딪치면서 소모전을 벌이는 중이었다. 필자는 붕당이 극심했던 조선 선조 대 파당을 초월해 학자들의 존경을 받았던 퇴계를 재조명하는 기사를 썼다. 학문에서 동방의 일인자로 추앙을 받았지만, 자신을 한없이 낮췄던 퇴계의 언행을 통해 정치권의 고질적인 극한대립의 해법을 모색했던 기사는 당시 적잖은 반향을 불러왔다.

당시 그래픽 자료로 쓰기 위해 퇴계의 초상화를 찾게 되었는데, 우리가 늘 접하는 천 원권 지폐의 퇴계 영정, 즉 퇴계의 표준 영정이 현초 이유태 화백의 상상화라는 사실을 새삼 인식하게 됐다. 익숙한 이 영정 외에 실제 그의 초상화가 존재하지 않을까 하는 호기심을 갖고 도서관 등을 뒤졌지만 불행히도 퇴계의 초상화는 남아있지 않았다.

퇴계 사망을 전후로 한 시기에는 초상화 제작을 꺼리는 사조가 형성됐다. 인물과 100% 똑같게 그리지 못할 바에야 신주를 모시는 게 옳다고 여겼다. 이를 근거로 퇴계의 영정은 애초부터 존재하지 않았다는 의견도 제시된다.

조선은 '초상화의 나라'라고 할 수 있을 만큼 무수한 초상화가 제작됐다. 조선 시대 초상화는 인물이 생전에 공신으로 봉해졌을 때 이를 기념하여 제작되기도 했지만, 많은 경우 해당 인물이 사망한 후 추모용으로 그려졌다. 임금은 공신들을 위한 논공행상의 하나로 그들에게 초상화를 하사했다. 초상화의 화가는 왕의 초상화를 전문으로 그리는 어진화사가 맡았다. 공신에게는 벼슬과 토지, 노비 등도 내려졌지만, 초상화를 받는 것보다 더 명예로운 일은 없었다. 조선은 중국의 '일호불사 편시타인―毫不似 便時他人(터럭 한 올이라도 같지 않다면 곧 다른 사람이다)' 화풍을 계승해 초상화를 그리는 데 있어 '극사실주의'를 추구했다. 후손들은 조상의 영정을 실제 조상과 동일시하면서 지극 정성으로 모셨다. 이런 이유로 무수한 전란 속에서도 많은 수의 초상화가 보존될 수 있었다. 이미 상당수의 초상화가 공개됐지만, 여전히 가문별 비공개로 보관되고 있는 것이 적잖을 것으로 추정된다.

사진 한 장은 열 마디 말보다 더 강력한 힘을 발휘한다. 초상화도 다르지 않다. 초상화는 텍스트 위주의 우리 역사를 풍성하게 해줄 수 있는 소중한 유산이다. 초상화 속에는 무수한 이야깃거리가 존재한다. 시중에 초상화를 다룬 서적이 일부 발간돼 있지만, 제작 기법이나 복식 등에 치중돼 있으며 초상화 속 인물의 삶을 다루고 초상화가 남아있지 않는 위인들의 실제 용모를 추적해 보려는 시도는 거의 없는 실정이다. 문헌, 신도비 등 현전하는 유물에서의 인물 묘사와 그들의 초상화, 그리고 그림에 담긴 이야기를 비교하고 차이를 찾아보는 것은 매우 중요한 의미가 있다.

인조반정의 1등 공신인 이귀와 병자호란 때 남한산성 수어사를 역임했던 그의 아들 이시백, 시백의 아우 이시방 등 3부자는 예술성이 뛰어난 초상화를 남겼다. 이 중 이귀와 이시백 부자는 흥미롭게도 조선 후기 인기 소설인 《박씨부인전》의 주인공들이기도 하다. 박씨 부인은 박색인데 초상화 속 이시백은 흰 피부를 가진 미남형의 얼굴이어서 초상화를 접하고 나면 소설의 내용이 더욱 생동감 있게 다가온다. 고려 태조 왕건의 사당에 남아있는 영정이 왜 용의 형상처럼 길쭉한 것인지, 그리고 왕건릉에서 발견된 그의 아들이 제작한 왕건 청동상의 얼굴은 어떤 모습을 하고 있는지를 비교하는 과정도 흥미롭다.

초상화를 통해 가려진 역사에 관한 새로운 사실도 알 수 있다. 미디어 속에서 내시들은 종종 뿔 없는 관모를 쓰고 흉배 없는 관복 복장을 한 모습으로 등장한다. 그러나 선조 때 내시였던 김새신의 초상화를 보면, 수염만 없을 뿐 일반 문신과 똑같은 차림인 것을 확인할 수 있다.

영정이 발견되지 않는 퇴계 이황과 관련된 초상화 이야기도 흥미롭다. 퇴계의 학문은 일본으로 건너가 일본 성리학의 뿌리가 되었고 일본인들은 그를 특별히 흠모했다. 그래서인지 '퇴계 학풍'을 계승한 일제강점기 사람인 구도 다케조가 소장한 퇴계 초상화는 특이하게도 사무라이 풍을 하고 있다. 비록 퇴계의 영정은 현전하지 않지만, 그의 용모를 추측할 수 있는 중요한 자료들은 남아있다. 예를 들어 퇴계의 작은 아버지면서 스승이기도 했던 이우의 초상화를 토대로 퇴계의 모습도 추측할 수 있다.

　마찬가지로 영정이 사라진 성웅, 충무공 이순신의 용모도 비슷한 방법으로 추정할 수 있다. 행방이 묘연한 초상화 찾기에 골몰하는 대신 문헌을 뒤져보니 충무공의 얼굴을 묘사한 기록이 일부 발견됐다. 충무공의 5대손 이봉상, 7대손 이달해 등의 초상화가 전해지는데 이들의 인상이 충무공 기록과 흡사하다. 삼국통일의 주역인 김유신은 그동안 초상화가 존재하지 않는 것으로 알려졌지만 국회도서관에서 그의 초상화가 나왔다. 1926년 출간된《조선명현초상화사진첩》의 맨 첫 장에 김유신 초상화가 실려 있다.

　필자는 기술적인 방면에 치중하는 전문서를 추구하지 않는다. 이 책은 공개된 초상화, 그리고 공개되지 않았던 초상화를 총망라하며 위인들의 실제 모습을 추정할 수 있는 다양한 증거들을 제시한다. 또한, 초상화 주인공에 대한 새로운 해석을 시도한다. 일반인들의 초상화에 대한 인식과 관심을 높이고 더 나아가 새롭게 밝혀낸 역사적 인물의 모습이 표준영정 제작 등에 반영될 수 있기를 바란다.

배 한 철

3부 시대와 위인을 담은 초상화

4부 조선의 아웃사이더

5부 화폭에 담긴 불멸의 여인들

6부 얼굴 없는 위인들

7부 초상화 속 숨은 역사 찾기

8부 거장들의 숨겨진 얼굴

1부

다른 각도로 보는
초상화

조선의 서울시장,
정승으로 가는 길목

지방자치단체장의 꽃, 서울시장. 한 해 25조 원의 예산을 주무르고 5만여 공무원의 임명·해면권을 쥐고 있는 대한민국 수도 서울의 최고 의사결정권자다. 경제, 도시계획, 복지, 교육, 문화, 외교까지 서울시장의 영향력이 미치지 않는 분야는 드물다. 국방력을 제외하고는 모든 권한을 갖고 있다는 우스갯소리까지 있을 만큼 그의 권력은 실로 막강하다.

조선 시대의 서울시장, 한성의 수장이던 판윤判尹은 어땠을까. 한성 판윤은 6조 판서와 동등한 정2품의 경관직(중앙관직)으로 종2품 외관직(지방관직)인 각 도의 관찰사(지금의 도지사와 광역시장)보다 직위가 높았다. 한성부가 전국 부府의 하나였지만 부의 수장인 부윤府尹과 구별하여 판윤이라 호칭해 특정 지역을 담당하는 직책 그 이상의 의미를 부여하기도 했다.

실제 판윤은 의정부 좌·우참찬, 6조 판서와 함께 아홉 대신을 뜻하는 9경卿에 포함되는 중요한 자리였다. 궁궐과 중앙관서를 호위하고 도성 치안을 담당해 매일 편전에서 국왕과 정사를 논하는 상참常參에 참여했다. 판윤은 지금의 행정부시장 격인 종2품 좌윤과 우윤이 보좌했고 대체로 판서나 참찬 등 정2품을 지낸 인물이 임명됐다.

● 〈김상철 초상〉
영조때 한성판윤을 한 김상철 초상. 이조, 형조, 병조판서에
이어 3정승을 지냈다. 가로 39.1 × 28.3cm, 종이에 채색, 국립
중앙박물관 소장

판윤이 '정승이 되기 전 반드시 거쳐야 하는 벼슬'로 인식되면
서 이를 차지하기 위한 붕당 간 경쟁도 치열했다. 한성부 청사는
조선의 행정부가 위치했던 육조 거리에 있었는데, 순서는 의정부
와 이조 다음에 배치됐다.

처음 서울의 명칭은 '한양부'였다. 이후 395년(태조 4) '한성부'로
변경돼 515년간 그대로 유지했으나 1910년 경술국치 후 '경성부'
로 바뀌었다. 한성부를 다스리는 벼슬아치의 명칭은 '판한성 부사'
로 시작해 '한성 부윤', '한성 판윤', '관찰사'로 바뀌었고, 예종 원
년인 1469년 다시 한성 판윤으로 이름을 바꾼다. 그 후 이 명칭은
일제 병합 전까지 430년간 사용되었고, 한성 판윤이라는 이름은
서울 수장의 대명사로 인식되며 자리를 잡는다.

조선은 515년간 1390대에 걸쳐 총 1100여 명의 한성 판윤을 배

〈이여 초상〉 ●

가로 39.1 × 28.3cm, 종이에 채색, 국립중앙박물관 소장이여는 숙종때
한성판윤을 지냈다. 대제학, 이조판서, 의금부판서, 좌의정, 영의정 등
조정의 요직을 섭렵했다.

출했다. 초대 한성 판윤은 이성계의 오랜 벗인 성석린(1338~1423)
이었다. 명재상 황희(1363~1452)와 맹사성(1360~1438), 명문장가 서
거정(1420~1488), 행주대첩의 명장 권율(1537~1599), 한음 이덕형
(1561~1613), 병자호란 때 주화론土和論을 이끈 최명길(1586~1647),
실학자 박세당(1629~1703), 정조의 탕평책을 진두지휘한 채제공
(1720~1799), 개화사상의 선구자 박규수(1807~1877) 등 또한 한성
판윤을 지냈다.

　그뿐 아니라 '희대의 간신'이라는 오명이 따라다니는 유자광
(1439~1512), 성리학의 대가 회재 이언적(1491~1553), 암행어사 박문
수(1691~1756), 종두법을 보급한 지석영(1855~1935), 을사늑약이 체
결되자 자결한 민영환(1861~1905) 등도 한성 판윤 출신이다.

　전주 이씨, 여흥 민씨, 달성 서씨, 파평 윤씨 등을 포함한 스물다섯 가문은 한성 판윤을 열 명 이상 배출했다. 여흥 민씨에서는 서른다섯 명, 전주 이씨에서는 무려 마흔세 명이 나왔다. 영조 때 병조판서를 지낸 풍산 홍씨 상한은 그의 아들 낙성, 손자 의모까지 3대에 걸쳐, 숙종 때 영의정을 지낸 달성 서씨 종태는 그의 두 아들 명균, 명빈과 함께 삼부자가 한성 판윤을 지냈다.

한성 판윤을 가장 많이 역임한 인물은 이가우(1783~1852)로, 헌종에서 철종대까지 13년 동안 무려 열 차례나 지내 '판윤대감'이라 불렸다. 최단기간 한성 판윤은 김좌근(1797~1869)이라는 인물이다. 그는 임명된 당일(철종 즉위년·1849) 오후에 최다 판윤을 지낸 이가우가 새로 임명되면서 반나절 만에 옷을 벗었다. 고종대에 이기세, 한성근, 임웅준도 하루 만에 교체됐다. 그러나 판윤 대감 이가우 역시 전체 재임 기간은 1년 3개월에 불과하다. 한성 판윤이 요직이었던 만큼 인기가 높아 교체주기가 상대적으로 짧을 수밖에 없었다. 정조 14년(1790) 12월, 당시 한성 판윤이었던 구익은 창경궁 정문인 홍화문 밖 국왕이 지나는 길에 쌓인 눈을 치우지 않아 파직되기도 했다. 그러나 3개월 뒤에 다시 임명됐다.

일제강점기에 경성부로 격하된 서울의 수장은 경성 부윤으로 불렸다. 스물두 명의 경성 부윤 또한 대부분 일본인이었다. 광복 후 서울시로 변경된 뒤로는 관선 시장 스물아홉 명과 민선 시장 여섯 명(직무대행 포함)이 서울의 수장을 맡았다.

오늘날 서울시장에게도 그러하듯 도시계획·건설은 한성 판윤

• 〈윤양래 초상〉
영조때 한성판윤을 한 윤양래 초상. 마찬가지로 형조판서,
좌참찬 등 요직을 거쳤다. 43 × 32.4cm, 종이에 채색, 국립
중앙박물관 소장

의 중요한 업무였다. 초대 한성 판윤 성석린은 경복궁을 신축하고 도성을 축조하면서 도시 기반을 다졌으며 홍계희(1703~1771)는 영조 36년(1760) 대대적인 청계천 준설로 서울 주 배수로의 기능을 회복시켰다. 이채연(1861~1900)은 광무 2년(1898) 중심도로를 확장하고 도로 위의 쓰레기와 진흙탕을 정비해 근대적 도시 건설의 기초를 다졌다.

조선 시대 한성 판윤은 서울시장과 달리 형사사건도 담당했다. 살인, 강도 등의 중죄인은 중앙의 형조가 구속해 죄를 다스리게 했고 절도, 간통, 친족 간 불화, 구타, 욕설 등 상대적으로 가벼운 범죄는 지방 수령이 처리할 수 있었다. 한성부는 형조와 사실상 동등한 힘을 가졌다. 일례로 단종 즉위년(1452) 8월 서울 근교 미사리에서 어린이 유기 사건이 발생하자 임금은 한성부가 범인을 국문하라고 지시했다. 태종 4년(1404) 사노 실구지 형제와 박질이 상전인 내은이라는 여성을 강간한 사건도 한성부에서 맡아 자백을 받아 낸 뒤 죄인을 능지처사陵遲處死했다고 실록은 썼다. 한성부는 사법기관으로서 제반 소송과 재판에 관한 사무도 관장했는데 중앙에 소재한 세 곳의 사법행정 기관인 삼법사에 형조, 사헌부와 함께 한성부도 포함됐다. 논밭과 가옥을 둘러싼 법적 다툼이나 묘지에 관한 산송, 시체 검시 등의 업무는 한성부가 전국을 관장했다. 한성 판윤은 오늘날 서울시장을 능가하는 권력을 갖고 있었다.

평안감사만 되면
청백리도 탐관오리 됐다

"평안감사도 저 싫으면 그만" 아무리 좋은 일이어도 정작 본인이 싫으면 아무 소용없다는 뜻의 속담이다. 조선 시대 평안감사가 모두가 선망하는 최고의 꽃보직이었음을 입증하는 말이기도 하다.

　　감사는 관찰사를 말한다. '도백'이라는 이름으로도 불렸던 관찰사는 종2품에 해당하는 관직으로, 조선의 각 지방행정구역(8도, 경기·충청·전라·경상·강원·황해·평안·함경도)에 파견됐던 지방행정 최고 책임자였다. 여덟 곳의 관찰사 중 평안 관찰사가 조선의 고위 관료들에게 특별히 인기를 끌었던 이유는 뭘까.

　　국립중앙박물관이 소장하고 있는 김홍도의 〈평양감사향연도〉를 보면 그 이유를 추측해볼 수 있다. 조선 후기 풍요로운 평양의 모습을 엿볼 수 있는 이 그림은 〈월야선유도〉, 〈부벽루연회도〉, 〈연광정연회도〉 등 3폭으로 구성돼 있다. 평안감사 부임을 환영하기 위해 대동강 변에 나와 있는 수많은 사람, 성곽과 건물, 연회에 참여한 인물들의 다양한 모습 등 당시의 연회 장면이 장대한 파노라마식으로 연출된다. 악사와 무용수, 기녀, 평양부의 양반 등 대규모 인원이 동원된 〈월야선유도〉의 대동강 뱃놀이를 보면 평안감

● 김홍도, 〈평안감사향연도〉 중 〈월야선유도〉
전체 196.9 × 71.2cm, 종이에 채색, 국립중앙박물관
평안감사의 위세를 잘 보여준다.

사의 위세가 얼마나 대단하였는지 알 수 있다.

평안감사는 독자적인 재정권을 쥐고 있었다. 평안도는 세금으로 거둔 세곡을 서울의 경창으로 보내지 않고 도내에서 자체적으로 사용했다. 운송의 어려움, 군수물자 비축의 필요, 중국에서 오는 사신 접대비 부담 등 여러 문제로 인해 평안도의 세곡은 서울로 갖고 오기보다는 지방에서 사용하는 것이 효율적이었다. 따라서 평안도의 감사는 외관직인데도 도의 세금을 걷고 사용하는 전권을 가져 많은 관료가 동경하던 자리였다.

평양은 경제적으로도 크게 번영한다. 18세기에 청과 활발히 교역하며 조선 경제는 활기를 띤다. 의주대로와 해로를 통한 중국 교역로의 길목에 있던 평양은 이 시기에 상업발전의 최고 전성기를 맞는다. 인구와 물자가 평양으로 몰리면서 평양은 가장 부유한 지역으로 부상했다. 〈연광정연회도〉 속 평양 백성들의 모습에서도 그들이 부유함이 드러난다. 민가의 상당수가 기와집이며 백성들도 비단 또는 다양하게 염색한 의복을 입고 있다.

권력과 돈이 모이는 곳에는 술과 유흥이 따르기 마련이다. 평양은 기생과 냉면으로 유명했다. 전국에서 가장 뛰어난 기생들이 평양으로 모여들었다. 조선 시대 평범한 사람들의 삶을 그린 고전소설《이춘풍전》에는 주인공 이춘풍이 평양의 이름난 기생에게 빠져 재산을 모두 탕진하는 이야기가 나온다. 냉면 역시 평양의 부를 상징한다. 육수에 국수를 말아 돼지고기나 꿩고기를 얹은 냉면은 조선 시대 일반 백성들이 거의 맛보기 힘든 음식이었다. 조선의 연중행사와 풍속들을 정리한 세시풍속집《동국세시기》는 "관서 지방의 면이 가장 좋다"고 쓰고 있다. 평양에 유흥을 즐기러 온 양반들은 겨울에 해장 음식으로 냉면을 많이 먹었다.

접대로도 평양을 따라올 곳이 없었다. 조선 후기 문신 정태화(1602~1673)가 사행단을 이끌고 중국을 다녀온 내용을 기록한《임인음빙록王寅飮氷錄》은 평양의 환대문화를 상세히 묘사하고 있다. 정태화는 영의정에 재직 중이던 1662년(현종 3) 진하겸진주사進賀兼陳奏使 임무를 맡아 중국으로 향하는 길에 올랐다. 정태화 일행이 평양에 도착하자 평안감사 임의백(1605~1667)이 마중을 나왔다. 정태화가 평안감사의 안내를 받아 대동강에 이르니 기생들을 가득 실은 배가 띄워져 있었고 막 풍악을 울리려고 했다. 그러자 정태화는 "내가 상복을 입고 있는 처지이니 잔치는 불가할듯하다"라고 만류했다. 대신 감사는 새로 지은 별당에 정태화의 숙소를 정해주고 대접을 융숭하게 했다. 얼마나 대접이 후했던지 사행에 참여한 역관들이 "과거에 없던 일"이라고 감탄했다.

연광정, 부벽루, 을밀대, 만경대, 모란봉, 능라도, 청류벽, 주암 등 곳곳에 있는 명소들도 평양의 매력을 더했다. 명나라 사신 주지번朱之蕃은 연광정에 올라 풍광에 감탄하면서 '제일강산第一江山' 네 글자를 썼다고 한다. 또 다른 명나라 사신인 허국許國도 "소주와 항주는 인공적이지만 부벽루와 청류벽, 섬과 봉우리는 모두 하늘

이 만들어 낸 것"이라고 감탄했다는 이야기도 전해진다.

  평안감사를 지낸 위인으로는 누가 있을까. 평양의 최전성기에
서 한 세기가 흐른 1866년(고종 3) 정체불명의 이양선 한 척이 대동
강을 거슬러 평양에 등장한다. 대포 2문을 장착하고 완전무장한
24명의 선원이 타고 있던 미국 상선 제너럴셔먼호였다. 우리 측
이 그들의 교역 요구를 거절하자 제너럴셔먼호는 대포를 쏘며 위
협했다. 이에 평안감사는 화공으로 배를 전소시켰고 선원도 모두
죽였다. 이때의 평안감사는 아이러니하게도 개화사상가이자 연암
박지원의 손자인 박규수(1807~1876)였다. 박규수는 그 뒤 1872년
진하사進賀使의 정사로 중국을 방문해 청나라의 근대화 운동인 양
무운동을 목격하고 조선의 개국과 개화의 필요성을 절실히 느끼

게 된다. 그는 귀국 후 젊은 사대부 자제들을 대상으로 중국에서의 견문과 국제정세를 가르치며 개화파 형성에 결정적 역할을 한다. 박규수는 형조판서, 우의정, 종1품 판중추부사를 지냈다.

반기문 전 유엔 사무총장의 조상으로 잘 알려진 반석평(1472~1540)은 8도의 관찰사를 전부 역임했다. 반석평은 노비였다. 그러나 주인집에서 그의 노비문서를 불태워 면천해 주고 반씨 집안에 입양시켜 과거시험을 보도록 했다. 반석평은 미천한 출신임에도 청렴하고 겸손하여 출세 가도를 달렸다. 그는 평안감사를 끝으로 중앙에 올라와 한성부판윤, 형조판서로 근무했다.

가장 혹독했던 평안감사는 박엽(1570~1623)이다. 의병장 조경남이 쓴 《속잡록》에 의하면, 박엽은 평안감사 재임 때 음탕하고 포학하며 방자하고 거리낌이 없었다. 그는 행랑 70여 칸을 새로 지어 도내 명창 100여 명을 모아 날마다 함께 거처하며 주야로 오락과 음탕을 일삼았다. 또한, 세곡의 액수를 배로 늘려 이를 내지 않으면 참혹한 형을 가했다. 박엽은 인조반정 후 부인이 세자빈의 인척이라는 이유로 죽임을 당했다. 군중들은 그가 처형을 당하자 모여들어 관을 부수고 시신을 훼손했다.

평안감사는 갖가지 유혹이 끊이지 않는 자리였기에 청렴한 인물이 매우 드물었다. 그러나 명종대 문신 김덕룡은 예외였다. 이익의 《성호전집》은 "평양감사로서 깨끗한 관리는 이준경(선조 때 영의정)과 김덕룡 두 사람뿐이었다"라고 밝힌다. 이익은 "평양은 재

1 〈신사철 초상〉
43 × 32.4cm, 비단에 채색, 국립중앙박물관
영조 즉위초 평안관찰사를 했다. 이후 판중추부사를
했고 두 아들도 정승에 올랐다.

2 〈조원명 초상〉
43 × 32.4cm, 비단에 채색, 국립중앙박물관
영조초 평안관찰사를 했다. 평안관찰사 재직시 재정
을 튼튼히 했고 드물게 청렴했다. 공조판서, 좌참찬을
했다.

화가 충만하기로 우리나라에서 으뜸이어서 감사가 된 자는 바로
탐관이 된다"면서 "공(김덕룡)은 평안도 관찰사에 재임하는 동안 은
괴와 비단을 별도의 창고에 보관하면서 추호의 간여도 하지 않았
다"라고 했다. 영조대 문신 조원명(1675~1749)도 재물을 탐하는 인
물이 아니었다. 평안감사를 마친 후 돌아오면서 그가 가지고 온
것은 말 한 필뿐이었다고 기록은 전한다. 조원명은 감사 재직 시

3 〈조관빈 초상〉
비단에 채색, 국립중앙박물관
1742년(영조 18) 평안관찰사에 임명됐다. 노론4대신
중 한명인 조태채의 아들이며, 문형인 대제학을 했고
예조, 형조 등 판서를 두루 지냈다.

4 〈홍상한 초상〉부분
전체 39.1 × 28.3cm, 종이에 채색, 국립중앙박물관
1752년(영조 28) 평안관찰사를 했다.

함부로 돈을 쓰지 않고 재정을 든든히 했으며 한성부판윤, 공조판
서, 의정부 좌참찬을 역임했다.

　평양감사 출신 명사들을 꼽자면 영의정 하연(1376~1453), 공
조판서 성현(1439~1504), 영의정 류순정(1459~1512), 예조판서 이기
(1522~1600), 영의정 이원익(1547~1634), 형조판서 이명(1570~1648), 우
의정 신익상(1634~1697), 좌참찬 윤양래(1673~1751), 우참찬 서종옥

(1688~1745), 형조판서 조관빈(1691~1757), 좌의정 이후(1694~1761), 영의정 유척기(1691~1767), 종1품 판의금부사 홍상한(1701~1769), 우참찬 윤동섬(1710~1795), 좌의정 김종수(1728~1799), 우의정 김재찬(1746~1827), 이조판서 김유근(1785~1840) 등이 있다.

음담패설집에
대학자의 이름이 하나둘…

백사 이항복(1556~1618)은 조선 선조대의 명신 중 한 사람이다. 25세 되던 1580년(선조 13) 문과를 병과(3등급 중 3등급)로 턱걸이하면서 어렵게 벼슬길을 시작했지만 이후 관료로서 크게 두각을 나타냈다. 임진왜란 중 5번이나 병조판서를 지냈으며 전란이 수습된 뒤 1599년 우의정, 그 이듬해 영의정에 올랐다. 그는 서인에 속했지만, 당파에 초연했고 문장에 뛰어나 다수의 시와 저술도 남겼다.

그런 이항복의 이름이 조선 시대 대표적인 '음담패설집'인 고금소총古今笑叢(옛날부터 지금까지의 우스운 이야기 모음)에 등장한다. 조선 전기부터 후기까지 유행했던 소화집笑話集을 한데 묶어 19세기 편찬된 고금소총에는 총 825편의 설화가 담겨 있다. 위로는 왕후장상으로부터 학자, 관료, 양반 등 사대부와 중인, 승려, 무당, 기생, 노비 등 천민에 이르기까지 남녀노소와 빈부귀천 모두가 풍자와 해학의 주인공으로 등장한다. 윤리적, 교훈적 측면도 드러나지만 과감하면서 노골적인 외설이 주를 이룬다.

이항복은 도원수 권율(1537~1599)의 딸과 결혼하면서 데릴사위로 처가에 들어간다. 그러나 이항복은 부인을 놔두고 미모의 여종에 눈이 팔린다. 이항복은 장인에게 "조용한 곳을 얻어 독서에 전

● 작자 미상, 〈이항복 49세 모습 추정 호성공신상 후모본〉 부분
18세기, 전체 166.1 × 89.3cm, 비단에 채색, 국립중앙박물관 소장·이항복 종가 기탁
이항복 호성공신상은 이항복 15대 증손이 2019년 국립중앙박물관에 기증하면서
공개된 것이다.

넘코자 한다"며 혼자 쓸 수 있는 공간을 만들고 시시때때로 그곳에 여종을 불러들였다. 뒤늦게 내막을 알아차린 권율이 사람들을 이끌고 그곳을 급습하자 때마침 여종과 함께 정사를 벌이던 이항복은 다급한 나머지 여종을 이불로 감싸 덮었다.

권율은 방을 둘러보고 "이불을 치우라"고 명했다. 하인들이 이불을 들어 올리자 여종이 이불 속에서 떨어졌다. 이항복은 "벌거벗은 여자를 감추는 게 과연 어렵소이다"라며 능청스럽게 웃었고 권율도 할 말을 잃은 채 따라 웃었다.

이항복은 어느날 송강 정철(1536~1593), 서애 유성룡(1542~1607), 월사 이정구(1564~1635), 일송 심희송(1548~1622)과 서울 교외로 나가 술판을 벌였다. 술이 제법 거나해지자 누군가 "세상의 소리 중 무엇이 최고인가"라고 물었다. 정철은 가사 문학의 대가답게 "밝은 달 아래 누각꼭대기를 지나가는 바람"이라고 했고 이정구는 "산속 초가에서 선비의 시 읊는 소리"라고 했으며 심희송은 "붉은 단풍에 스치는 원숭이 울음"이라고 했다. 모두 고상한 말을 하고 있는데 마지막에 나선 이항복이 "첫날밤 미인의 치마끈 푸는 소리만큼 듣기 좋은 소리가 있을까"라고 하여 모두 박장대소했다.

고금소총에는 이항복뿐만 아니라 다양한 실존 인물이 등장한다. 송언신(1542~1612)은 1577년(선조 10) 문과에 급제해 이조판서를 지낸 인물이다. 그는 이황의 문인으로 당쟁의 선봉에 서서 서인을 공격했다. 이로 인해 그에 대한 사관들의 평가는 매우 비판적이다.

〈송언신 초상〉 부분
보물 제941호, 1611년, 비단에 채색,
경기도박물관

실록은 "그의 사람됨이 음흉하고 교활하며 탐욕스럽고 비루하며 음패淫悖스러운 행실이 많아 교양 있는 사람은 더불어 교제하는 것을 수치로 알았다"라고 논평한다.

고금소총은 송언신이 '평생에 여인 1000명을 채우겠다'고 늘 호언장담을 하고 다니는 호색한이었다고 전한다. 책에는 송언신이 관찰사일 때의 일화가 묘사된다. 관동지방을 순찰하던 송언신은 원주 한 고을의 호장(향리의 우두머리) 집에 머물게 되었는데, 그 집 딸이 마음에 쏙 들었다. 딸은 자꾸 추파를 던지는 관찰사의 행동이 미심쩍어 제 어머니와 잠자리를 바꿨다. 역시나 송언신은 야심한 밤에 딸의 방으로 갔으나 누워있는 것은 딸이 아니라 어미였다. 놀란 어미가 "도둑이야"라고 소리치자 송언신은 "나는 관찰사지 도둑이 아닐세"라고 너스레를 떨었다고 한다.

묵재 홍언필(1476~1549)과 그의 아들 인재 홍섬(1504~1585)은 부자가 모두 영의정을 지낸 '2대 영의정'으로 세간의 부러움을 샀다. 인종 때 영의정을 지낸 묵재 홍언필은 재물을 멀리했고 자식들조차 옷을 갖추지 않고서는 만나지 않을 만큼 법도를 엄격히 지키는 사람이었다. 아들 홍섬 역시 선조 때 영의정을 3번이나 중임하고 경서에 밝았으며 가풍을 이어받아 검소하기까지 해 뭇사람들의 존경을 받았다.

고금소총은 그들의 전혀 다른 이면을 소개한다. 홍섬은 여종들과 무분별하게 어울렸다고 한다. 한 여름날 밤 여종들이 방에 흩어져 자고 있었다. 홍섬은 알몸으로 자신의 방에서 몰래 나와 평소 눈여겨 두었던 여종을 찾기 위해 여종들의 방을 살금살금 기어 다녔다. 아버지 홍언필이 인기척에 잠에서 깨어 그 광경을 지켜봤다. 그러면서 "아들이 장성한 줄 알았더니 이제 막 기어가는 것을 배운 모양이구나"라고 소리쳤다. 홍섬은 깜짝 놀라 달아났다.

박순(1523~1589)은 조선 중기 이이, 성혼 등과 비견될 만큼 명망 높은 대유학자였다. 그는 1553년(명종 8) 정시 문과에 장원한 뒤 요직을 두루 거쳤고 1572년(선조 5) 영의정에 올라 15년간 재직했다. 성리학과 주역에 조예가 깊었고 문장과 시에 뛰어났으며 글씨도

<박순 초상> ●
일본 덴리대도서관

잘 썼다.

고금소총에서의 박순은 여종을 밝혀 밤이면 집안의 지체 낮은 사람들이 기거하는 행랑방을 전전하는 인물로 묘사된다. 박순은 여러 여종 중에서도 처가에서 데려온 '옥이'라는 여종을 유독 가까이했다. 그런데 그녀의 용모는 매우 추했다. 그러다 보니 세인들의 입방아에 그와 종의 관계가 자주 올랐다. 친구가 이런 소문을 전하자 박순은 근엄한 목소리로 "예기禮記를 읽지 않았는가, 군조옥불거신君子玉不去身이라는 말을 어찌 모른단 말인가"라고 큰소리를 쳤다. 군자는 이유 없이 옥을 몸에서 떼어놓지 않는다는 뜻이다.

고금소총의 저자들은 책 속의 주인공들과 동시대를 살던 사람들이다. 그러니 책에 담긴 내용이 사실일 가능성이 크지만, 해학적으로 쓰였으니 분명 과장된 면도 없지는 않을 것이다. 이들 중 이항복, 송언신, 박순의 초상화가 전해온다. 경기도박물관이 소장하고 있는 송언신의 영정은 높은 예술성으로 보물 제941호로 지정됐다. 오른쪽 위에 "만력삼십이년(1604) 갑진 선종 조선무공신이조판서송언신萬曆三十二年 甲辰 宣宗 朝鮮武功臣吏曹判書宋言愼"이라는 표제가 있다. 오른쪽 아래에는 선조가 쓴 교시가 있고 왼편 아래에는 정조가 쓴 화상찬이 있다.

《박씨부인전》의
못난이 주인공 남편은 꽃미남

조선 시대의 대다수 고전소설에는 비범한 능력을 갖춘 남성 영웅이 등장한다. 반면 여성은 심청이나 춘향처럼 열녀, 효녀, 현모양처로 그려졌다. 남성 중심 사회였던 조선 시대에 최초로 여성 영웅을 그린 소설이 등장해 큰 인기를 끌었다. 바로《박씨부인전》이었다. 이 소설은 조선 숙종 때 창작된 것으로 전해지지만 정확한 시기와 작자는 알려지지 않았다. 비교적 유명한 소설이라 내용도 잘 알려졌지만, 대략적 줄거리를 소개하면 다음과 같다.

인조 때 재상이었던 이귀는 금강산에 사는 비범한 능력을 갖춘 박 처사의 딸을 자기 아들 이시백과 혼인시킨다. 이시백은 그러나 아내를 처음 보고 까무러칠 뻔했다. 신부는 얼굴 전체가 마맛자국으로 덮여있고 왕방울만 한 눈, 나발같이 큰 입에 코는 이끼 낀 돌멩이 같았다. 키는 8척 장신에 팔은 늘어지고 다리를 절었다. 이시백은 아버지의 불호령에 마지못해 신방에 들어갔지만, 부채로 얼굴을 가린 채 밤을 꼬박 지새운다. 그리고 새벽닭이 우는 것과 동시에 황급히 방을 뛰쳐나왔다. 그러던 어느 날 박 처사가 찾아와 딸의 허물을 벗기니 박씨 부인은 놀랄 만큼 아름다운 미녀로 변신한다. 박 처사는 액운이 비껴가도록 딸을 추한 모습으로 바

작자 미상, 〈이시백 초상〉
18세기, 74.2×53.1㎝, 비단에 채색,
국립중앙박물관

꿔 놓았던 것이다. 이제 처지가 뒤바뀌었다. 박 씨가 서릿발처럼 매섭게 남편을 대하자 이시백은 예쁜 아내를 두고 상사병이 날 지경이었다. 남편이 울며 빌자 박씨 부인은 그제야 "수신제가하고 공부에 전념하소서"라고 당부하면서 마음을 푼다.

아내 앞에서 눈물을 뚝뚝 흘리는 남편의 초라한 모습을 상상하면서 억압과 차별을 받던 여성들이 얼마나 통쾌해했을까. 소설의 후반은 병자호란이 배경이다.

청나라는 여자 자객을 보내 장차 조선을 침략하는 데 걸림돌
이 될 이시백과 조선 최고의 명장 임경업을 죽이려고 했지만, 박
씨 부인이 이를 알아채고 그녀를 붙잡아 '조선을 쳐들어오면 화
가 미칠 것'이라 경고한다. 청나라 군사는 임경업이 방비하는 백
마산성을 지나쳐 곧장 한양으로 내려왔다. 청나라 군사는 박씨
부인과 여인들이 피신해 있던 피화당을 습격하지만, 그녀의 신
통술에 걸려 무수한 병사만 잃은 채 왕자들만 데리고 서둘러 도
망갔다. 조정은 박씨 부인을 충렬부인으로 봉했다.

1636년 병자년에 청나라 태종은 10만 대군을 이끌고 조선을 급
습했다. 인조는 남한산성으로 피난을 갔다가 46일 만에 항복하고
청 태종에게 세 번 무릎을 꿇고 아홉 번 머리를 조아리는 치욕, '삼
배구고두례三拜九叩頭禮'를 당했다. 소현세자와 봉림대군을 비롯해 셀
수 없이 많은 백성이 포로로 끌려갔으며 그중 대부분은 여인이었다.
천신만고 끝에 속환한 여인들에게 조선의 남성들은 '환향녀還鄕女'라
며 손가락질을 했다. 오늘날 여성을 경멸하는 의미로 쓰는 '화냥년'
이라는 단어의 유래다. 조선의 부인들은 무능한 남자들로 인해 두
번 고통받아야 했다.

《박씨부인전》의 후반부는 오랑캐를 무릎 꿇린 박씨 부인의 통쾌
한 활약을 통해 현실에서 이룰 수 없었던 그녀들의 염원을 담았다.
소설이기는 하나, 이야기 속 주요 주인공들은 실제 존재했던 인물

1 작자 미상, 〈이귀 초상〉 부분
    조선후기, 전체 74×53cm, 비단에 채색, 국립중앙박물관
2 작자 미상, 〈이시방 초상〉부분 (보물 제1482호)
    조선후기, 전체 169×93cm, 비단에 채색, 대전선사박물관

들이다. 박씨 부인의 시아버지인 이귀(1557~1633)는 김류(1571~1648)
와 함께 광해군을 몰아낸 인조반정의 최고 핵심인물이다. 이귀는
두 살 때 아버지를 여의고 47세 되던 선조 36년인 1603년에야 비
로소 문과에 합격했다. 그는 서인 학통을 배경으로 서인 강경파의
입장에 서서 동인, 북인과 반목하다 광해군 즉위 후 북인정권이 세
위지면서 유배길에 오른다. 그는 아들인 시백(1581~1660)과 시방
(1594~1660), 양아들인 시담(1584~1665)까지 3명의 아들을 반정에 참

여시켜 광해군 폐위에 모든 것을 건다. 그는 주도면밀했다. 비록 모의과정에서 역모가 탄로 났지만, 상궁을 매수해 절체절명의 위기를 넘긴다. 이귀는 훈련대장 이흥립을 반정 세력의 편으로 돌아서게 하면서 확실한 승기를 잡는다. 《연려실기술^{燃藜室記述}》 기록에 따르면 반정 세력이 이흥립을 찾아가 설득하자, 그는 "이귀도 함께 하느냐"라고 물었다고 한다. 그만큼 이귀는 치밀한 사람이었다. 이귀는 호위대장, 이조참판 겸 동 지의금부사, 우참찬, 대사헌, 좌찬성 등을 역임했다. 그의 비문에는 "(그가 죽자) 인조가 머리를 풀고 슬피 우는 소리가 외정에까지 들렸다"고 새겨져 있다.

이귀의 장남 이시백은 과거를 치르지 않았다. 대신 42세 때 아버지를 따라 인조반정에 참여한 공로로 정사 2등 공신에 책봉되면서 벼슬 생활을 시작했다. 그리고 이듬해 이괄의 난이 일어나자 협수사^{協守使}가 돼 반란군을 격파했다. 그는 정묘호란 때 병마를 이끌고 신속히 동작나루에 도착해 인조를 강화도로 무사히 인도했으며 병자호란 때는 남한산성수어사로서 인조를 맞이해 성을 수비했다. 조선은 두 번의 전쟁에서 모두 패배했지만, 이귀는 난국을 수습하는 데 중요한 공헌을 했다. 1649년 인조는 그를 불러 술을 대접했다. 그리고 세자에게 "내가 이 사람을 팔다리처럼 하니 너도 그렇게 하라"고 일렀다. 그해 5월 효종이 즉위하자 이귀는 이조판서·좌참찬이 되고 우의정에 올랐다.

이시백은 80세의 나이로 사망하기까지 일곱 번이나 판서를 역

작자 미상, 〈임경업 초상〉
19세기, 150.3×91.9㎝, 비단에 채색, 국립중앙박물관

임했고 영의정에까지 올랐다. 이시방도 반정에 가담한 공로로 정사 2등 공신의 영예를 안았으며 전라도관찰사, 공조판서, 판의금부사 등을 지냈다.

이귀, 이시백, 이시방 삼부자의 초상화가 '세트'로 남아 있다. 이귀는 김제 군수 시절 부안의 명기 매창의 연인이었다고 허 균의 문집에 기록돼 있지만, 초상화 속 그의 용모는 '쥐의 상'을 떠올리게 하는 추남형이다. 게다가 얼굴색도 거무튀튀하다. 반면 그의 아들 이시백은 마맛자국이 일부 보일 뿐 피부가 여자처럼 희고 이목구비가 수려해 요즘으로 치면 꽃미남에 가깝다. 전체적인 얼굴 윤곽도 이 둘이 과연 부자지간인가 싶을 정도로 달라 의아스럽다. 이귀 부자는 실존 인물이지만 박씨 부인은 허구다. 이시백의 첫 번째 부인은 윤진의 딸 남원 윤씨이며 두 번째 부인은 진사 황첨의 딸 창원 황씨다.

이 소설에 '카메오'로 출연하는 임경업의 초상화도 전해져 온다. 정면을 응시하는 그의 인상은 체념한 듯하면서도 눈빛이 살아 있는 미묘한 표정을 짓고 있다. 그는 명·청 교체의 거대한 국제적 격변 속에서 대명의리론對明義理論(명나라에 대한 조선의 의리론)의 이념을 실천하다가 비참하게 옥사했다. 그의 생은 후대 《임경업전》이라는 소설로도 재구성돼 널리 전파됐다.

박문수는
암행어사를 한 적 없다

'암행어사' 하면 마패와 남루한 옷차림이 먼저 연상되고, 동시에 박문수라는 이름이 함께 떠오른다. 백성들의 고혈을 짜는 탐관오리를 혼내주는 암행어사 박문수 이야기는 1970~1980년대 TV나 라디오 드라마의 단골 소재였다. "암행어사 출두야"라는 박문수의 호령에 지방 수령들이 혼비백산해 도망가는 장면은 많은 이들에게 통쾌함을 선사했다.

조선 시대 암행어사는 국왕의 명으로 몰래 지방관을 감찰하고 그들의 비리를 척결하던 관원이었다. 조선 시대 숱한 암행어사가 파견됐지만 유독 박문수만이 암행어사의 대표주자로 인식되고 있다. 전국에서 박문수와 관련해 전해 내려오는 어사 설화는 무려 200개가 넘는다. 오늘날까지 그의 이야기는 여전히 드라마나 소설의 소재로 자주 등장한다.

설화에서 박문수는 남들이 밝혀내지 못하는 사건의 진실을 파헤치는 명석한 두뇌의 소유자이거나 누명을 쓴 백성을 구명해 풀어주는 정의의 심판자로 그려진다.

그렇다면 실제 박문수는 어떤 사람일까. 박문수는 33세 때 과거에 급제해 사관史官으로 벼슬 생활을 시작했다. 1728년 이인좌의 난 때 종사관으로 큰 공을 세워 경상도관찰사에 전격 발탁되고 분

● 작자 미상, 〈박문수 초상〉 (보물 제1189-1호)
조선 시대, 165.3 × 100㎝, 비단에 채색, 천안박물관(개인 소장 기탁)

무공신 2등에 올랐다. 이후 동지사로 청나라를 다녀왔고 세손을 가르쳤으며 66세의 일기로 사망하기까지 병조판서, 호조판서, 우참찬 등 조정의 요직을 두루 지냈다.

박문수는 뜻밖에도 당쟁의 중심에 있었던 인물이다. 그는 소론의 강경파로 노론과 대립했다. 경종 때 후일 영조가 되는 연잉군 편에 섰다가 죽임을 당한 노론의 핵심인물 조태채(1660~1722)와는 원수처럼 지냈다. 궐내에서 숙직하던 박문수가 반찬으로 콩나물이 나오자 "콩나물 대가리는 잘라 버려야 한다"며 떼어버렸다는 일화가 전해온다. 콩나물을 한자로 표현하면 '태채太菜'가 되는데, 음이 조태채의 이름과 같아 그렇게 말한 것이다.

아이러니하게도 박문수는 설화와는 달리 실제로는 암행어사로 파견된 적이 전혀 없다.《조선왕조실록》에 따르면 박문수는 1727년 9월 25일부터 이듬해 4월 14일까지 약 6개월간 '영남별건어사'로 활동했다. 별건어사는 흉년에 굶주린 사람들을 보살피거나 양역(16세부터 60세까지의 양인 장정에게 부과하던 공역)을 바로잡을 목적으로 감독과 순찰의 의무를 띠고 파견된 관리로 암행어사와는 아주 다르다. 이때의 어사 활동으로 박문수는 큰 곤경에 처하기도 했다. 1728년 영남지역 유생들의 주도로 무신의난戊申亂이 발생했는데 이들 중 한 명이 정희령이었다. 당시 박문수는 영남지역 순행과정에서 정중원이라는 인물의 상가를 방문한 적이 있는데 정중원의 아들이 바로 정희령이다. 이를 두고 노론 측은 박문수가

작자 미상, 〈박문수 초상〉 부분 (보물 제1189-1호)
조선 시대, 전체 40.2 × 28.2cm, 천안박물관(개인 소장 기탁)

영남에서 거사를 모의한 혐의가 있다고 몰아붙였다.

박문수는 이후에도 1730년 호서어사, 1731년 영남감진어사, 1741년 북도진휼사, 1750년 관동영남균세사 등 몇 차례 더 유사한 직책을 맡는다. 박문수는 호조판서로 재임하면서 군포(병역을 면제해주는 조건으로 징수하던 베)의 폐단을 줄여야 한다고 주장하며 '균역법' 제정을 주도했다. 균역법은 사람 단위로 부과하던 군포를 가구 단위로 전환해 농민 부담을 경감시키는 대신 부족한 재원을 어전세, 염세, 선세 등을 신설해 채우는 획기적 제도이다.

박문수는 별건어사 재임 기간동안 환곡(춘궁기에 대여해주고 추수 후에 회수하던 국가 비축 곡물)을 풀어 흉년으로 고통받는 백성들을 구했고 부패한 관리들을 처벌했다. 더불어 지방의 현감과 판관, 부사 등의 자질과 업무수행을 평가할 것, 술을 좋아하고 지식이 밝지 못하며 간사한 지방관들을 파직할 것, 명망 있는 인물을 지방관으로 임명할 것 등을 조정에 건의하기도 했다.

이와 같은 일련의 조치는 백성들에게 크게 환영받았고 함경도에서는 그를 위한 송덕비까지 세워졌다. 그의 생애를 통해 백성을 구호하는 행적이 여러 차례 확인되지만, 당대에 암행어사의 대표격으로 추앙받지는 않았다. 오히려 후대에 들어 백성을 위한 정치를 바라는 염원이 그를 영원한 암행어사로 각인시키기 시작했다.

구국 영웅의 출현을 갈구하던 일본 강점기에 《박문수전》은 선풍적인 인기를 끌었고, 이러한 이미지는 더욱 굳어졌다. 그의 영정은 영조 2년인 1728년 제작돼 종가에서 보관해 왔으며 보물 제1189-1호로 지정됐다. 단아한 얼굴이며 수염이 많지 않다.

박문수가 '암행어사의 아이콘'이라면 '청백리의 아이콘'은 세종 때의 황희(1363~1452)다. 세종대왕이 일반인 차림으로 황희의 집을 방문했는데 멍석을 깐 채 누런 보리밥과 된장, 고추로만 식사하는 모습을 보고 놀랐다는 일화는 황희 정승의 여러 일화 중에서도 유명하다. 하지만 박문수가 암행어사가 아니었던 것처럼 황희도 청백리가 아니었다.

황희는 공양왕 즉위년인 1389년 문과에 급제했으며 1392년 고려가 망하자 두문동에 은거했다. 그러다가 태조 3년이 되던 1394년,

작자 미상, 〈황희 초상〉 부분
조선 시대, 전체 88.5 × 57cm,
비단에 채색, 국립중앙박물관

조정의 요청과 두문동 동료들의 천거로 성균관학관에 제수됐다. 황희는 56년간의 관직 생활 중 재상으로 24년을 있었고 그중 18년을 영의정으로 지냈다.

황희는 명재상이었지만, 오랫동안 고위직에 있으면서 각종 비리에 연루돼 청렴하기는커녕 부패했다. 《세종실록》에 따르면 그는 매관매직, 사위의 살인사건 무마 청탁 등 비리 혐의가 끊이지 않았으며 공직자 감찰기구인 사헌부의 수장으로 재직할 때엔 승려에게 황금을 뇌물로 받아 '황금 대사헌'으로 불렸다. 게다가 조선의 개국 공신이었지만 2차 왕자의 난 때 참형을 당한 박포의 부인과 간통하기도 했다.

황희는 조선왕조 초기, 왕과 신하들 사이 이견을 조율하며 개혁의 완급을 조절하는 조정자로서 탁월한 판단력과 정무감각을 발휘한 행정가로 평가된다. 세종은 황희가 말년에 관직을 사양했을 때, "집에서 근무해도 좋으니 조정의 일을 봐 달라"고 간청할 만큼 그에게 무한 신뢰를 보냈다. 따라서 공직자로서 황희의 사소한 의혹과 결점은 대수로운 일이 아니었다. 황희의 청백리 이미지가 어떤 경로를 거쳐 형성됐는지 알 수 없지만, 민간에서 지속해서 전해져 왔다.

지금도 그렇듯이 과거에도 청빈한 공직자가 매우 드물었다. 백성들은 조선 시대 공직자의 대표주자였던 황희 정승에 청백리 이미지를 심어 부정한 공직자들이 본받기를 희망했던 것은 아니었을까. 국립중앙박물관이 소장하고 있는 〈황희 초상〉은 그의 학문과 덕행을 추모하기 위한 경북 상주 옥동서원 영정을 조선 후기에 모사한 것이다. 매우 강한 인상을 풍기는 이 초상화의 원본은 황희가 62세(1424) 때 그려졌다.

국보가 된
걸작 초상화

마치 거울을 통해 내면을 투시하는 듯한 형형한 눈매, 강한 신념이 느껴지는 꽉 다문 입술, 불꽃처럼 꿈틀거리는 수염. 사실적인 안면묘사가 압권인 공재 윤두서(1668~1715)의 자화상은 우리 회화사에서 전무후무한 걸작으로 꼽힌다. 윤두서는 〈어부사시사〉로 유명한 고산 윤선도의 증손자이자 정약용의 외증조로 조선후기 문인이자 화가이다.

종이에 옅게 채색해 그린 그의 자화상은 화폭 전체에 몸이 생략된 형태로 얼굴만이 표현됐다. 윗부분을 생략한 탕건을 쓰고 눈은 마치 자신과 대결하듯 앞쪽을 응시하고 있으며 두툼한 입술에 수염은 터럭 한 올 한 올까지 섬세하게 그려졌다. 화폭의 윗부분에 얼굴이 배치됐는데 아래 길게 늘어져 있는 수염이 얼굴을 위로 떠받치는 듯한 형상이다.

신체 일부를 떼어 내 그림으로 묘사하는 것은 유교국 조선에서 금기시됐다. 공재는 극심한 당쟁 속에서 형제와 벗을 잃었다. 따라서 암울한 조선의 현실에서 자신의 길을 가고자 했던 굳은 의지와 다짐을 그림에 투영시켰다는 해석이 설득력을 얻었다. '미완성작'이라는 주장도 있었다. 하지만 첨단 기법을 동원한 분석에서는 예

● 윤두서, 〈윤두서 자화상〉 (국보 제240호)
18세기, 38.5×20.5㎝, 종이에 채색, 해남 녹우당

상 밖의 결과가 나왔다. 국립중앙박물관이 현미경과 적외선, X선 촬영 및 형광분석법 등으로 조사해 보니 초상화는 원래 완성작이었으며 오랜 세월이 경과하면서 퇴화된 부분이 많은 것으로 밝혀졌다. 생략된 것으로 여겨왔던 귀는 희미하지만 붉은 선으로 표현됐고 옷깃과 옷 주름도 분명히 존재했다. 정밀하게 채색까지 된 사실도 확인됐다. 다만 무슨 이유로 선과 채색이 지워졌는지, 어떻게 얼굴만 보존될 수 있었는지는 규명하지 못했다.

초상화 가운데 국가지정문화재로 지정된 것은 총 70여 점이다. 이 중 특별히 높은 가치가 인정돼 국보 목록에 올라온 초상화가 있지만, 그 숫자는 〈윤두서 자화상〉을 포함해 5점에 불과하다. 이들 초상화는 어떤 이유에서 국보가 된 것일까. 전술한 〈윤두서 자화상〉은 초상화뿐만 아니라 우리나라 전체 회화를 통틀어서도 최고 수준의 작품으로 인정받아 1987년 국보 제240호로 지정됐다. 이제현, 안향 영정은 1962년 초상화 중에서는 처음으로 각각 국보 제110호, 111호로 지정됐다. 오래된 초상화는 이모본이 남아있는 경우가 많은데, 이제현, 안향 초상화는 유일하게 '원본'이 전해오고 있었던 것이 주효했다. 고려 후기 문신이자 학자인 익재 이제현 (1287~1367)은 원나라 만권당에서 조맹부 등과 교류하며 고려에 성리학, 신학문과 사상을 전파하고 발전시키는 데 중요한 역할을 했고 《국사》, 《역옹패설櫟翁稗說》 등의 저서를 남겼다.

이제현의 초상화는 세로 177.3cm, 가로 93cm의 크기로 의자에

1 진감여, 〈이제현 초상〉 (국보 제110호)
   1319년, 177.3×93㎝, 비단에 채색, 국립중앙박물관
2 작자 미상, 〈안향 초상〉 (국보 제111호)
   1318년, 37×29㎝, 비단에 채색, 소수서원

● 작자 미상, 〈송시열 초상〉 (국보 제239호)
  18세기, 89.7×67.6㎝, 비단에 채색,
  국립중앙박물관

앉은 모습을 비단에 채색해 그렸다. 그림은 고려 충숙왕 6년(1319) 이제현이 왕과 함께 원나라에 갔을 때 당시 최고의 화가인 진감여陳鑑如가 그린 원본으로 보존상태가 양호하다. 대부분의 초상화는 인물이 오른쪽을 바라보는 데 비해 이제현은 왼쪽을 바라보고 있으며 비단 테를 두른 흰 베로 짠 옷을 걸치고 두 손은 소매 안으로 마주 잡고 있다. 왼편 뒤쪽에는 몇 권의 책이 놓인 탁자가 있고 오른편 앞쪽으로는 의자의 손잡이가 있어 앉은 모습이 안정돼 있으며, 화면구성도 짜임새 있다. 비록 원나라 화가가 그린 것이지만 구도가 안정되고 인물 묘사가 뛰어난 우수한 작품으로 우리나라 미술사에서 상당히 중요한 위치를 차지한다.

고려 중기 문신인 회헌 안향(1243~1306)의 초상화는 세로 37cm, 가로 29cm의 반신상이다. 안향은 고려 원종 1년(1260) 문과에 급제했으며 여러 차례에 걸쳐 원나라에 다녀오면서 주자학을 우리나라에 보급한 최초의 주자학자이다. 안향의 초상화는 현재 남아 있는 초상화 중 가장 오래됐다. 옷 주름은 선을 이용하여 명암 없이 간략하게 처리했으며 시선의 방향과 어깨선에서 인물의 강직한 인상이 보인다. 소수서원에 있는 이 초상화는 안향이 세상을 떠난 지 12년 후인 고려 충숙왕 5년(1318) 문묘에 그의 초상화를 함께 배향할 때 1본을 더 그려 향교에 모셨다가 조선 중기 백운동서원(소수서원)을 건립하면서 이곳으로 옮겨놓은 것이다.

1987년 〈윤두서 자화상〉과 함께 국보 제239호에 오른 〈송시열 초상〉은 지금까지 남아 있는 5점의 송시열 초상화 중 최고의 수작으로 꼽힌다. 조선 중기의 대표적인 유학자인 송시열은 우리나라 인물 중에서는 유일하게 이름에 '자子'를 붙일 만큼 주자학의 거물이다. 그의 초상화는 세로 89.7cm, 가로 67.6cm 크기로 비단 바탕에 채색한 반신상이다. 머리에는 검은색 건을 쓰고 유학자들이 평상시에 입는 옷인 창의를 걸치고 있다. 그림 오른쪽에는 그가 45세 때 쓴 글이 있고 위쪽에는 정조가 쓴 찬문이 남아 있다. 화공의 솜씨가 뛰어나며 명암을 전혀 사용하지 않고 표현한 강한 눈매와 숱 많은 눈썹, 붉은 입술 등에서 그의 성품이 보인다. 옷의 흑과 백의 대조로 유학자로서의 기품을 더해 준다.

● 박기준·조중묵·백은배, 〈조선 태조 어진〉 (국보 제317호)
1872년, 218×150㎝, 비단에 채색, 어진박물관

조선을 건국한 태조 이성계의 초상화는 가장 늦게 국보 대열에 합류했다. 고종 9년(1872)에 낡은 원본을 이모한 것이어서 애초에는 보물로 지정됐으나 전체적으로 조선 전기 초상화의 특징이 잘 살아 있는 데다 원본에 충실하게 제작됐다는 이유로 2012년 국보 제317호로 승격했다.

조선 건국 시조인 태조의 초상화는 국초부터 여러 곳에 특별하게 보관돼 총 26점이 존재했으나, 현재는 전주 경기전 어진박물관에 1점만이 남아있다. 어진 속 태조는 임금이 쓰는 모자인 익선관과 곤룡포를 입고 정면을 바라보며 의자에 앉아있다. 이 전신상은 명나라 태조 초상화와 유사하다.

다른 어진은 모두 홍룡포 차림인데 경기전 어진만 청룡포를 입고 있다. 숙종 또한 태조의 청룡포 차림에 의문을 가져 신하들과 논의를 하기도 했다. 우리나라를 의미한 청색이 고려 시대에 숭배돼 개국 초기인 태조 때도 용포에 청색을 사용한 것으로 추측할 따름이다.

2부

임금의 얼굴,
어진

강화도령 철종,
어진 임금을 꿈꿨다

1849년 6월 6일 오전, 조선 24대 임금 헌종(재위 1834~1849)은 스물세 살 젊은 나이에 후사도 없이 갑작스럽게 죽음을 맞는다. 왕위 계승 지명권은 왕실 최고 어른인 대왕대비 순원왕후(1789~1857)가 쥐고 있었다. 새 임금은 헌종 승하 이튿날 전격 결정된다.

왕을 모시는 봉영奉迎 책임을 맡은 영의정 정원용(1783~1873)은 대왕대비의 명을 받들어 차기 용상의 주인이 머무는 강화도로 급파됐다. 하지만 정원용은 용상의 주인공이 누구인지, 나이는 몇이며, 얼굴은 어떻게 생겼는지 전혀 알지 못했다. 정원용은 과거에 급제해 벼슬길에 나선 19세부터 91세로 숨을 거둘 때까지 70여 년에 걸쳐 일기를 썼는데, 그것이 《경산일록經山日錄》이다. 이 일기에 당시 상황이 잘 서술돼 있다.

일기에 따르면 왕을 찾아야 하는 정원용이 가진 유일한 단서는 대왕대비 전교傳敎에 적힌 이름뿐이었다. 봉영 행렬이 갑곶나루에 이르러 배에서 내리니 강화유수 조형복이 기다리고 있었다. 하지만 강화유수도 전교에 적힌 이름의 주인을 모르기는 매한가지였다. 강화군 강화읍 관청리 한 초가집에 도착해서야 관을 쓴 사람이 다른 한 사람을 가리키며 "이름이 모某자이고 나이는 열아홉"이

予三十一歲眞

哲宗熙倫正極粹德純聖文顯武成獻仁英孝大王

● 이한철·조중묵, 〈철종 어진〉 (보물 제1492호)
1861년, 202.3×107.2㎝, 비단에 채색, 국립고궁박물관

라고 말하는데 바로 전교에 나와 있는 이름이었다. '강화도령' 이
원범(1831~1863)은 그렇게 조선 25대 왕 철종이 됐다.

후계자 선정은 속전속결이었지만, 물망에 올랐던 후보는 이원
범 외에 세 명이나 더 있었다. 이하응, 이하전, 이경응이 그들이다.

이하응(1820~1898)은 고종의 아버지 흥선대원군으로, 헌종이 승하
했을 때 이미 30세였던 데다 종친부 고위직을 맡고 있어 제외됐다.
사도세자의 손자인 전계대원군의 아들이자 철종의 이복형인 이경응
(1828~1901) 역시 나이가 많았으며 역적 집안이라 배제됐다.

● 〈강화도행렬도〉(북한국보 제73호)
비단에 채색, 평양 조선미술박물관 (국립문화재연구소 사진 제공)
강화에 유배 중이던 철종을 모시러 가던 행렬을 묘사한 그림이다.

선조 아버지인 덕흥대원군의 12대손 완창군의 아들인 이하전
(1842~1862)은 헌종 승하 당시 8세였으며 명석하고 기개도 넘쳐 왕
위 계승자로 자주 언급됐다. 그러나 당시 조정을 장악하고 있던 안
동 김씨에게 영특한 왕은 필요치 않았다. 안동 김씨의 세도 정치
기틀을 마련한 김조순(1765~1832)의 딸이었던 대왕대비 순원왕후
는 안동 김씨 권력에 방해가 되지 않을 '허수아비 왕'을 원했고 적

임자가 바로 이원범이었다.

이원범은 사실 후계자로서 가장 부적절한 후보였다. 왕족이기는 했지만, 역적 집안의 후손이었다. 이원범은 사도세자의 서자 은언군의 손자다. 은언군은 1779년(정조 3) 장남 상계군 역모 사건이 발각되면서 강화도로 유배됐고 1801년(순조 1) 그의 부인 송 씨와 며느리 신 씨가 천주교를 신봉했다는 이유로 탄핵을 받으면서 함께 사약을 받았다. 은언군 서자였던 철종의 생부 전계대원군도 부모와 형, 형수의 죄에 연좌돼 강화부 교동으로 쫓겨났다가 이곳에서 사망했다. 이때 이원범의 나이는 11세였다.

이원범 집안의 불행은 여기에 그치지 않았다. 그가 14세가 되던 1844년(헌종 10) 맏형인 회평군이 또다시 역모에 연루돼 사사賜死되면서 그때까지 서울에 살던 이원범 역시 작은형, 사촌과 함께 강화도로 쫓겨 왔다. 그리고 4년 뒤 이원범은 사약을 든 금부도사 대신 자신을 왕으로 모시려는 봉영 행렬을 맞은 것이다. 서울 바깥에 살던 왕족이, 그것도 역모에 몰려 유배에 처한 죄인이 왕에 등극한 것은 고려와 조선 역사를 통틀어 전무후무한 일이다.

이런 이원범을 적격자로 둔갑시키기 위한 안동 김씨들의 노력은 집요했다. 철종을 봉영하는 행렬은 문무백관과 왕실, 군사를 포함해 500여 명에 달했다. 철종은 강화도 갑곶나루에서 출발해 경기 김포, 서울 양천을 거쳐 도성에 도착했고 헌종이 세상을 뜬 지 나흘 만인 6월 9일 창덕궁에서 즉위했다. 철종이 강화도에서 도성까지 120리(47km)를 행차할 때 길목마다 백성이 몰려 장관을 이뤘다. 19세기에 제작된 〈강화도행렬도〉는 12폭 병풍으로 나루터에서부터 강화읍까지 이어지는 기다란 봉영 행렬을 묘사하고 있다. 평양에 있는 조선 미술박물관이 소장하고 있으며 북한에서 국보 제73호로 지정됐다.

순원왕후는 철종 집안과 관련한 기록을 모조리 파기하라고 명한다. 역모 사건에 연루된 기록은 왕위 계승 정통성에 타격을 줄 수 있기 때문이었다. 따라서 철종이 왕이 되기 전 행적과 그의 집안에 대한 기록은 거의 남아 있지 않다.

하지만 세도 정치에 대한 민심의 반발이 워낙 컸기 때문일까. 철종의 정통성은 쉽게 만들어지지 않았다. 철종은 즉위 전 대부분의 생애를 서울에서 지냈고 강화에 거주한 것은 4년에 불과한데도 강화도에서 농사를 지으며 살아온 '시골뜨기', 공부를 하지 못한 '일자무식'이라는 이미지가 백성들에게 강하게 각인됐다.

〈강화도령〉(1963), 〈임금님의 첫사랑〉(1967) 등 1960년대 제작된 철종 관련 영화에서는 강화도령이 왕위에 올라 궁중 예법을 배우고 강화도 시절 사귄 처녀를 궁궐로 몰래 불러들이는 장면이 부각되기도 했다.

하루아침에 왕이 된 철종이었지만 군주로서 자질이 전혀 없었던 것은 아니다. 오히려 강화도에서의 경험을 바탕으로 백성의 궁핍한 삶을 걱정하며 삼정三政의 문란을 개선하려는 의지가 강했다.

3년 동안 순원왕후의 수렴청정을 마친 철종은 안동 김씨를 견제하고 왕권 확보를 시도했다. 철종은 우선 노론에 의해 희생된 증조부 사도세자의 존호尊號를 왕으로 격상하자고 제안했다. 1862년, 철종 13년에는 임금이 직접 제안해 삼정 폐단을 개혁하기 위한 기구인 삼정이정청三政釐整廳을 설치했다. 삼정은 전정田政, 군정軍政, 환정還政 등 조선 시대에 국가가 백성에게 거둬들인 세금이다. 관리들의 부정부패로 삼정이 백성을 수탈하는 수단으로 변질되자 조선 말기에는 전국적으로 민란이 일어나기도 했다.

안타깝게도 철종은 3대에 걸쳐 견고해진 세도 정치를 극복할 수 없었다. 사도세자 존호 격상은 노론의 대표적 세력인 안동 김씨의 반대로 뜻을 이루지 못했으며 삼정이정청 역시 집권세력의 반대에 부딪혀 3개월 만에 폐지됐다. 자신의 무기력함을 절감한 철종은 재위 후반기에는 국정에 관심을 멀리했다. 실록에는 그가 임금과 신하가 학문, 국정을 논하는 경연을 자주 철폐했다고 적혀 있다. 그는 1863년 33세의 나이에 이질을 앓다가 세상을 떠난다. 철인왕후 김 씨 등 부인 8명을 뒀으며 5남 1녀의 자식을 가졌지만 모두 어린 시절 죽어 후사가 없었다. 철종은 과단성이 부족했을지는 몰라도 '일자무식'은 아니었다. 비록 세도 정치에서 벗어나지는 못했지만 그를 혼군(사리에 어둡고 어리석은 임금)으로만 평가하는 것도 맞지 않다.

국립중앙박물관에 철종 어필이 전한다. 두툼한 필획으로 느리

철종, 〈철종 임금이 쓴 글씨〉 ●
19세기, 117×26.3cm, 종이에 먹, 국립중앙박물관

게 썼으며 정중하고 단아한 느낌을 준다. 화려하지는 않지만, 조선
왕실의 품격을 전해주는 동시에 조선 후기 글씨의 경향을 보여주
는 빼어난 작품이다. 뜻은 다음과 같다.

太平佳氣人有樂 祥瑞凞凞日至來 (태평가기인유락 상서희희일지래)

　태평하고 아름다운 기운 사람이 즐겁게 누리니, 상서로운 밝은 일이 날마다 이르네.

　철종 12년 도화서에서 그린 보물 제1492호 〈철종 어진〉은 유일하게 군복을 입은 조선 임금의 초상화다. 다른 어진과 함께 한국전쟁 때 부산국악원으로 옮겨졌다가 1954년 12월 발생한 화재로 인해 3분의 1가량이 불에 타 훼손됐다. "이마가 각지고 콧마루가 우뚝하며 두 광대뼈에는 귀밑털이 덮여 있다. 귀의 가장자리는 넓고 둥글었으며 입술은 두꺼웠고 손은 컸다"는 《경산일록》의 기록과 거의 일치하는 그림이다. 어진인데도 눈을 사팔뜨기로 그린 것이 이채롭다.

사라진 세조 어진
세상에 모습을 드러내다

거사의 날은 1456년 6월 1일로 정해졌다. 정인지, 신숙주, 한명회 등은 한 해 전인 1455년 윤달 6월 단종(1441~1457)을 왕위에서 물러나게 한 뒤 수양대군을 왕으로 추대했다. 그러자 집현전 학사 출신의 성삼문, 박팽년, 하위지, 이개, 유성원과 무장인 유응부, 성승, 박쟁이 단종을 다시 세울 기회를 엿봤다. 그해 10월 책명사冊命使인 명나라 사신이 조선에 오겠다는 뜻을 알려왔다는 사실을 파악하고서 단종복위를 본격적으로 모의하기 시작했다. 그리고 이듬해 6월 1일 창덕궁에서 명나라 사신 초대연을 열기로 결정나자 유응부와 성승이 연회석상에서 칼을 차고 임금을 지키는 별운검別雲劒을 맡아 세조(1417~1468)를 살해하기로 의견을 모았다.

그러나 불행히도 거사 당일 갑자기 세조가 건물 안이 좁다며 칼을 차지 못하도록 명하면서 난관에 부닥치게 된다. 무장 출신인 유응부는 "왕의 측근들이 모두 이곳에 있으니 천재일시千載一時의 기회를 놓쳐서는 안 된다"면서 감행하려고 했으나 성삼문과 박팽년이 "운검을 쓰지 못하게 한 것은 하늘의 뜻이다. 경복궁에 머무는 세자가 변고를 듣고서 군사를 동원해 온다면 일의 성패를 알 수가 없으니 뒷날을 기다리니만 못할 것"이라고 말려 거사는 중단됐다.

그 후 공모자 중 한 사람인 김질이 일이 탄로 날 것을 두려워해

● 김은호, 〈세조 어진 밑그림〉
20세기, 186×131.5cm, 종이에 먹, 국립고궁박물관

자신의 장인인 정창손에게 달려가 역모 사실을 알렸고 둘이 함께 세조에게 역모를 고변했다. 세조 앞에 끌려온 유응부는 성삼문 등을 둘러보며 "서생들과 함께 일을 모의할 수 없다고 하더니 과연 그렇구나. 그대들처럼 꾀와 수단이 없으면 무엇에 쓰겠는가"라고 탄식했다. 그러면서 "더 묻고자 한다면 저 쓸모없는 선비들에게 물어보라"고 하고는 입을 닫았다. 그는 혹독한 고문을 받다가 죽었다.

승자의 편에서 쓰인 《조선왕조실록》은 성삼문, 박팽년, 하위지, 이개, 유성원, 유응부 등을 반역자로 묘사한다. 오늘날 우리가 알고 있는 사육신의 행적은 생육신의 한 사람인 남효온이 지은 《육신전六臣傳》을 통해 세상에 알려진다. 남효온은 책에서 단종복위의 거사 주모역은 성삼문, 박팽년이고 행동책은 유응부라고 언급하면서 세 사람을 삼주역三主役으로 부각시켰다. 단종 복위 운동이 실패하면서 70여 명이 참혹한 죽음을 맞았고 연루자들은 멸문지화滅門之禍를 면치 못했다. 그들의 여자들은 공신들이 나눠 가졌다. 공신들은 평소 친구로 지냈을 사육신의 아내를 서로 갖겠다며 다툼까지 벌였다. 세조 2년 9월 7일 자 실록에 따르면 세조의 남자들이 차지한 충신의 여인은 173명이나 된다.

역사에는 가정이 없다지만 명나라 사신 초대연에서 세조가 피살되고 단종이 다시 왕이 됐다면 역사는 어떻게 바뀌었을까. 과연 새롭게 권력을 거머쥐게 된 성삼문 등은 단종과 더불어 진정으로 백성을 위한 정치를 펼쳤을까.

사건의 중심에 있었던 조선 7대 왕 세조는 세종의 둘째 아들로 태어났다. 이름은 이유이며 29세 되던 해인 1445년 (세종 27) 수양대군首陽大君에 봉해졌다. 13년간 권좌를 장악하고 있다가 피부병이 악화돼 둘째 아들 예종에게 왕위를 물려준 지 하루 만에 죽었다.

김은호, 〈세조 어진 밑그림〉
〈경향신문〉 1969년 5월 14일자 보도본

900만 명의 관객을 동원하면서 화제를 모았던 영화 〈관상〉에서 세조는 역모의 얼굴인 '이리상'으로 묘사됐다. 어린 조카 단종을 없애고 권력을 찬탈하는 수양대군의 역을 맡은 영화배우 이정재는 영화에서 잔인하고 치밀하며 집요한 면모가 있는 표정을 연기했다. 실제 세조의 생김새는 어땠을까.

세조의 어진은 그동안 존재하지 않는 것으로 알려져 왔다. 1954년까지는 존재했지만, 화재로 사라져 버렸다. 창덕궁 선원전(어진을 모시던 건물)에 보관된 다른 어진들과 함께 한국전쟁을 피해 부산국악원으로 옮겨졌다가 1954년 12월 발생한 화재로 소실돼 버렸다. 그런데 세조 어진을 그릴 때 밑그림으로 사용했던 초본草本이 2016년 11월 한 인터넷 경매에 출품돼 세상을 깜짝 놀라게 했다. 마지막 어진 화가인 이당 김은호(1892~1979) 화백이 영조 때 그린 세조 어진을 보고 그려서 갖고 있던 것이었다.

1969년 5월 14일 자 〈경향신문〉에 〈세조 어진 초본〉이 실린 바 있다. 조선 왕들은 대체로 수염이 많지 않은데 세종대왕상은 수염이 풍성해 고증이 잘못됐다는 내용의 기사다. 그 증거의 하나로 제시된 것이 바로 김은호가 직접 그린 〈세조 어진 초본〉이다. 그림 속 세조 역시 수염은 거의 없는 것으로 묘사돼 있다.

그러나 김은호 사후 초본은 사라졌다. 유작·유품의 상당수가 개인들에게 매각됐는데 초본도 함께 팔렸을 것이라는 추측이 제기됐다. 그러다가 거의 40년 만에 다시 모습을 드러낸 것이다. 실제 새로 공개됐던 초본과 1969년 〈경향신문〉에 실렸던 초본은 정확히 일치한다. 세조는 39세 때 왕위를 찬탈했는데, 초본은 젊은 얼굴이어서 수양대군 시절의 모습일 수도 있다는 분석이 제기된다. 어찌됐건 초본 상의 세조는 둥근 형태의 얼굴에 수염도 짧고 숱이 적어 전체적으로 유순하고 앳된 인상을 하고 있다. 조카에게서 왕위를 찬탈하고 수많은 사람을 살육한 만큼 비정하며 날카롭고 카리스마가 넘쳤을 것이라는 우리의 고정관념을 여지없이 무너뜨린다.

초본은 가로 131.5cm, 세로 186cm 크기의 대형 그림이다. 극도로 희귀한 조선 전기 임금의 어진임을 생각할 때 국가문화재로 지정해도 손색없는 그림이다. 초본은 국립고궁박물관이 사들였다. 아무래도 개인보다는 왕실 문화재 전문 소장기관인 고궁박물관에서 소장하는 게 보존이나 활용 차원에서 더 유리할 것이다.

용을 닮았다는
고려 왕건은 귀공자 형상

고려 태조 왕건(877~943)의 조부인 작제건은 용왕의 사위였다. 그래서 용왕의 피를 물려받은 고려 왕씨 일족의 겨드랑 이에는 용의 비늘이 돋아났다는 전설이 전해 내려온다.

작제건이 젊은 시절 상선을 타고 당나라로 가는데 배가 바다 한 가운데에서 꼼짝도 하지 않았다. 신라인을 바다에 던져야 배가 다 시 움직일 것이라는 점괘가 나오자 작제건은 스스로 물속으로 투 신했다. 그는 바다 용왕을 만나 그의 딸 용녀를 아내로 얻었다. 용 왕은 작제건에게 "동방의 왕이 될 것이되 건建자가 붙은 이름으로 3대를 내려가야 한다"고 알려줬다.

작제건은 용녀를 데리고 송악의 남쪽에 정착해 네 형제를 낳았 는데 큰아들 용건이 바로 왕건의 아버지이다. 용건은 도선대사가 점지해 준 명당에 집을 짓고 신라 49대 헌강왕 3년(877) 아들을 낳 았다. 용건은 도선대사가 작명해준 대로 아들의 이름을 왕건으로 지었다. 작제건, 용건, 왕건까지 3대에 걸친 건자 이름이 완성된 것이다.

여기서 주목할 것은 작제건 이전의 조상이 불분명하다는 점이 다. 정도전이 집필한 《고려사高麗史》에 따르면 왕건은 천하를 통일 한 이듬해 919년 3월 조부모 작제건 부부에 의조경강대왕懿祖景康大

● 작자 미상, 〈고려왕씨족보-왕건 초상화〉
북한 소장

王과 원창왕후元昌王后, 부모 용건 부부에 세조위무대왕世祖威武大王과 위숙왕후威肅王后의 시호를 올렸다. 조선이 목조 이안사, 익조 이행리, 도조 이춘, 환조 이자춘 등 태조 이성계의 5대조까지 거슬러 올라가며 제왕에 준하는 의례를 행했던 것과 대비된다.

《고려사》 첫머리의 〈고려세계高麗世系〉에서도 "고려왕실의 조상은 역사 기록이 없어서 상세하지 않다"라고 서술돼 있다. 더구나 왕건의 집안이 예성강 유역의 유력 호족 출신으로 알려진 것과 달리 작제건과 그의 아들 용건은 성조차 없다.

개국한 지 200년이 훨씬 지나서야 고려는 왕조의 조상 찾기에 골몰한다. 고려 18대 의종(1146~1170)은 김관의에게 고려왕실의 뿌리와 고려국의 기원을 새롭게 정리한 《편년통록編年通錄》을 편찬하도록 명한다. 《편년통록》은 작제건 이전 5대까지의 조상과 그들의 행적을 상세히 서술했다. 이 책은 전하지 않지만, 자세한 내용은 후대의 기록물인 〈고려세계〉에 잘 나와 있다.

〈고려세계〉에 따르면 옛날에 호경이라는 자가 성골장군聖骨將軍을 자칭하며 백두산으로부터 각처를 유랑하다가 개성 부소산 골짜기에 정착해 이곳 여인과 혼인했다. 어느 날 9명의 동네 사람과 평나산에 사냥을 갔다가 날이 저물어 굴속에서 자려는데 갑자기 호랑이가 나타났다. 호경이 물리치기 위해 굴 밖으로 나가자 호랑이는 사라졌고 그사이 별안간 굴이 무너져 굴에 있던 사람들이 모두 압사했다. 호경의 아들 강충은 부잣집에 장가들어 천금의 부자가 됐

작자 미상, 〈순천 선암사 선각국사 도선 진영〉(보물 제1506호)
1805년, 131.5 × 105㎝, 비단에 채색, 선암사

고 "부소산에 소나무를 심어 암석이 드러나지 않게 하면 삼한을 통
합할 후손이 태어난다"라는 술사의 말을 듣고 소나무를 심고 산의
이름을 송악산으로 고쳤다.

  강충에게서는 이제건과 보육 두 아들이 태어났다. 보육이 꿈에
곡령에 올라 남쪽을 향해 오줌을 누는데, 온 산천이 은색 바다로

2부 임금의 얼굴, 어진 91

변했다. 이 말을 듣고 이제건은 자신의 딸인 덕주를 동생 보육과 혼인시켰으며 그들은 두 딸을 낳았다. 당 현종 천보 12년(753) 어느 날 훗날 당 숙종에 오르는 당나라 귀인이 예성강을 거쳐 보육의 집에 머물렀다. 귀인은 신분을 숨겼지만, 보육은 그가 범상치 않음을 간파하고 딸 진의를 들여보내 동침하게 했다. 귀인이 떠난 뒤 진의가 아들을 낳았는데 그가 바로 왕건의 조부인 작제건이다. 하지만 당 숙종은 어려서부터 한 번도 대궐을 나간 일이 없고 '안녹산의 난(755~763)' 때 영무靈武에서 즉위했다. 당나라 황제의 피가 섞여 있다는 기록은 왕건을 당 황실과 연결하려는 후대의 의도이겠지만 그렇더라도 아무런 역사적 근거도 없이 그런 내용을 삽입하는 것은 너무 무모하다.

작제건의 아버지가 누구여서 그랬던 것일까. 태조 17년(934) 7월 발해의 세자 대광현이 발해인 수만 명을 데리고 고려에 귀부하자 왕건은 그에게 왕씨 성을 하사하고 고려왕실 족보에 올려 왕족으로 예우했다. 《자치통감資治通鑑》에 따르면 왕건은 후진 고조에게 발해를 멸망시킨 거란을 함께 공격하자고 제의했다. 왕건은 "고려와 친척의 나라인 발해를 멸하고 국왕을 사로잡은 원수를 갚아야 한다"고 했다. 송나라 사신 서긍도 《고려도경高麗圖經》에서 "고려왕실의 조상은 고구려의 대족大族"이라고 기술했다. 발해는 스스로 고구려의 역사와 전통문화를 계승했다고 천명했었다. 왕건 또한 국호를 '고려'로 정하면서까지 직접 고구려 부흥을 표방했다. 발해를 건국한 대조영이 고구려의 피를 물려받았듯 작제건의 아버지 역시 고구려 혈통을 계승한 고구려의 후손은 아니었을까.

8세기 이후 산동 반도 등 중국 동해안 일대에 신라인 집단 거주 지역인 신라방과 신라촌, 신라번이 다수 형성된다. 주로 교역하던 상인들이 거주했는데 사신단, 유학생, 구법승과 함께 고구려, 백제계 등 정치적 망명객도 상당수 머물렀다. 이 중 신라번은 완전히 독립된 자치국으로서 치외법권 지역으로 인정받았다. 실제 고구려계 유민인 치청절도사

● 작자 미상, 〈왕건 청동상〉
북한 소장 문화재

이정기는 대운하를 장악한 뒤 국내외 무역에 나서면서 독자적 번진藩鎭을 형성하기도 했다.

이를 종합해 볼 때 신라를 방문한 당의 귀인은 당나라의 왕자가 아닌 재당 삼국 출신 상인으로 보는 게 더욱 합리적이다. 왕건의 조상인 호경이 백두산에서 내려온 것으로 표현된 것이나 건국 후 고구려 옛 땅을 되찾기 위한 북진정책을 고려의 국시로 삼은 것은 왕건이 재당 고구려인의 후예라는 추측을 가능케 한다.

《고려사》는 성인이 된 왕건의 용모를 "눈이 부리부리하고, 이마는 넓고 툭 튀어나왔으며, 턱이 살쪘다. 목소리가 우렁찼다"고 표현했다. 용의 후예임을 억지로 강조한 느낌이다. 고려 왕씨 족보에 그려진 영정이 이런 묘사와 비슷하다. 고려 시대의 왕들과 공신들의 위패를 모시던 경기도 연천 숭의전崇義殿 소장품으로 조선 시대에 모사된 것으로 알려진 영정과 같은 그림이다. 약간 고개를 돌린 오른쪽 얼굴을 그렸으며 다소 투박하지만 비범한 기운이 감도는 인물로 묘사되어 있다.

왕건의 모습을 추측할 수 있는 유물이 또 하나 존재한다. 왕건의 셋째 아들인 4대 광종이 아버지를 기리는 존숭 사업의 목적으로 만든 청동상이다. 이 동상은 고려 왕씨 족보의 영정과는 전혀 다른 '귀공자풍'의 얼굴을 하고 있다. 1992년 개성에 있는 고려 태조 왕건릉에서 우연히 발견됐다. 제작연대(10세기)나 앉은키가 84.7cm로 성인 남자와 비슷한 점을 봐서 왕건의 실제 얼굴을 담았을 것으로 판단된다.

훈남 왕자였던
인조의 아버지

그동안 조선 어진 중 얼굴 식별이 가능한 온전한 어진은 태조, 영조, 연잉군(영조 왕자 시절), 철종 어진 등 전부 합쳐 4점(사진이 남아 있는 고종, 순종 제외)에 불과한 것으로 알려져 왔다. 그런데 또 다른 한 점이 추가로 확인돼 관심이 비상하다. 바로 선조 아들이자 인조 생부인 〈원종 어진〉이 바로 그것이다. 〈원종 어진〉은 길이 190cm(족자 제외)에 이르는 대형 초상화로 오른쪽 일부가 불에 탔지만, 얼굴과 복장 대부분은 잘 남아있다.

원종(1580~1619)은 선조 13년(1580) 선조와 인빈 김씨 사이에서 태어났으며 본명은 이부다. 8세에 정원군에 봉해졌고, 후일 인헌왕후가 되는 구사맹의 딸과 혼인해 아들 넷을 뒀는데 첫째 능풍군은 일찍 죽었다. 광해군 7년(1615) 막내아들인 능창군이 역모 혐의에 연루돼 사망하자 큰 충격을 받아 술에 의지하며 살았다. 인조 때 편찬된 《광해군일기光海君日記》에 따르면 그는 "걱정과 답답한 심정으로 지내느라 술을 많이 마셔서 병까지 들었다"며 "오직 바라는 것은 일찍 집의 창문 아래에서 죽어 지하의 선왕을 따라가는 것뿐"이라고 늘 말했다고 한다. 결국, 그는 아들을 보내고 4년 만에 40세로 죽었다. 둘째 인조(능양군)가 반정에 성공해 즉위하면서 왕으로 추존돼 원종이라는 묘호가 올려졌다.

● 김은호, 〈원종 어진〉
1936년, 280×104㎝, 비단에 채색, 국립고궁박물관

조선 왕들은 대체로 용모가 준수했던 것으로 전해지지만 원종은 특히나 잘생겼다. 어진 속 모습에서도 살집이 풍부하고 위풍당당한 미남형 얼굴을 확인할 수 있다. 그의 묘비에는 "용모가 출중했으며 효성과 우애가 남달랐다"라고 새겨져 있다.

하지만 선조실록은 원종을 "성품이 포악하고 행동이 방탕해 사람들에게 손가락질과 탄핵을 받았다"라고 평가했다. 실록이 좀 더 객관적이라고 할 수 있으므로 인물은 출중했으나 성격은 그에 못 미쳤던 것으로 추측할 수 있다. 무슨 사연이 있었기에 이 초상화의 정체를 지금까지 몰랐던 걸까. 애초 〈원종 어진〉은 임금 영정을 모셨던 창덕궁 선원전에 소장돼 있었던 것으로 전해졌다. 창덕궁 선원전에는 총 12명 임금의 어진이 보관돼 있었던 것으로 파악되는데, 이들 어진은 한국전쟁 당시 부산국악원으로 옮겨졌다가 1954년 12월 발생한 화재로 대부분 소실됐다. 〈원종 어진〉 역시 이때 이름 부분이 불타버려 그동안 그 주인공을 알지 못했던 사연이 있다. 이 초상화를 보관하고 있는 국립고궁박물관이 몇 년간의 연구를 통해 원종의 어진이라는 사실을 끝내 밝혀냈다.

초상화는 17세기 초반의 전형적인 공신상 특징을 띠고 있다. 교의자交椅子에 사모(관모)를 쓰고 가슴을 꽉 채운 흉배를 부착한 흑자색 단령團領(깃을 둥글게 만든 관복)을 입은 인물이 정면이 아닌 약간 측면을 바라보고 앉아 있으며 바닥에는 붉은색 바탕에 화려한 문양을 한 카펫 형태의 채전彩氈이 깔렸다. 그런데도 이 공신 영정을 어진으로 평가하는 근거는 뭘까.

실제로 원종은 공신이었다. 공신들에게는 여러 혜택과 함께 초상화를 그려 하사했는데, 원종은 선조 때 임진왜란을 피해 왕을 호종한 공로로 호성공신에 올랐다. 그런데 초상화 속 원종의 복장은 선조 시기의 것이 아니다. 공신상이 쓰는 사모는 선조대에 높이가 높다가 그 이후 낮아지는데, 원종 어진 속 사모가 높지 않은 것으로 미뤄 선조 때 그림이 아닌 것으로 보인다. 광해군 때 공신 교서들을 비교해 보면 정원군이 임해군(광해군 동복형) 옥사 사건을 처리해 익사공신에 책봉된 것을 알 수 있다. 이런 사실은 인조반정 뒤에 모든 기록에서 누락 돼 실록 등에서 드러나지 않는다. 영정 속 원종의 얼굴도 공신 칭호를 받던 30대 때의 모습이다.

3단 채전 또한 선조 이후에 유행했다. 박물관 측은 이 영정이 광해군 때 만들어졌으며 후일 인조대에 이모 됐을 것으로 분석했다. 영조 때 《승정원 일기承政院日記》에도 "국조 이래로 태조와 세조 어진이 있고 원종은 잠저 시절 공신이었기 때문에 또한 어진이 있다"라고 적혀 있다. 족자 뒷면 상단에 '선원전 소장품', '어진(이름 상실)'이라고 쓰여 있는 것도 어진이라는 증거 중 하나다. 일제 통감부가 어진 수리 과정을 적은 '영정수개등록'에 따르면 선원전 어진 중 신하 차림을 한 것은 연잉군과 원종 어진 2점뿐이다. 따라서 연잉군 영정을 제외한 또 다른 신하 복장을 한 영정은 원종일 수밖에 없다고 박물관은 판단한다.

영정 상단에 남색 계통 안료가 묻어 있고 일부 붉은색도 스며들어 있는 것도 발견된다. 화재 당시 회장回裝, 낙영絡纓, 유소流蘇 등 각종 어진 장식품이 고열에 녹아 흡수된 것으로 추정됐다.

백택白澤(사자를 닮은 중국 신수) 흉배도 주인공 신분이 왕자라는 것을 뒷받침한다. 기록상 〈원종 어진〉은 1872년(고종 9) 이모되었고 그후 1935년 '마지막 어진화사'로 불리는 이당 김은호가 모사했다. 그의 작업은 1935년 시작되어 이듬해 완료되었다. 현재 〈원종 어진〉은 김은호의 초상화 특성이 잘 나타나 그의 작품으로 짐작된다. 원종의 어진은 그 자체로도 매우 귀중하지만 아버지인 선조와 아들인 인조의 모습을 유추하는 데도 매우 긴요할 것으로 판단된다.

이 초상화는 2015년 12월 국립고궁박물관의 '조선왕실의 어진과 진전' 특별전을 통해 일반에도 공개돼 많은 주목을 받았다.

임금의 장인
만인지상의 권력을 쥐다

송시열의 문하였던 민유중(1630~1687)은 숙종 (1661~1720)의 계비였던 인현왕후(1667~1701)의 아버지다. 그의 위세가 얼마나 등등했던지 같은 노론인 이징명조차 "연이은 재해의 원인은 외척의 세도가 기승한 탓이다. 왕후에게 주의를 시켜 깨우치게 하는 게 마땅하다"라는 상소를 올릴 지경이었다. 분개한 민유중은 사위인 숙종을 찾아가 자신을 모욕한 이징명을 엄벌에 처할 것을 재촉했으나 이후 숙종이 사적으로 만나주지 않자 관직을 내놓고 자택에서 두문불출하다가 죽었다.

희빈 장씨와의 대립을 소재로 한 소설 《인현왕후전》의 주인공으로 잘 알려진 인현왕후의 가문은 여흥 민씨다. 여흥 민씨를 비롯해 청풍 김씨, 광산 김씨 등 세 개 가문은 조선 중기 이후 걸출한 갑족甲族으로 부상했다.

이들이 집안을 크게 일으킨 것은 공통적으로 왕후를 배출하면서부터다. 현종의 비인 명성왕후(1642~1683)는 청풍 김씨 집안 출신으로 대동법을 실현한 김육(1580~1658)을 할아버지, 김우명(1619~1675)을 아버지로 뒀다. 현종에 이어 왕위에 오른 숙종의 첫 번째 부인 인경왕후(1661~1680)는 광산 김씨 가문의 김만기(1633~1687)의 딸이다. 김만기는 《구운몽》을 지은 서포 김만중의 친형이기도 하다.

현종, 숙종대 송시열 쪽에 가
세한 여흥 민씨와 광산 김씨, 그
리고 남인에 동조한 청풍 김씨
간 붕당이 크게 과열됐다. 그 과
정에서 이들이 병권과 재정권을
장악하고 공사를 임의대로 처리
했으며 친인척을 끌어들여 관직
을 독점하고 있다는 상소가 끊이
지 않았다. 이들 3성은 '삼척三戚'
으로 비판받기도 했다.

작자 미상, 〈김만기 초상〉 부분
17세기, 개인소장(광산김씨 문충공 종택)

중국 역사상 가장 강대했던
통일 왕조 한나라 또한 외척이 설쳐대고 정치가 문란해지면서 무
너졌다. 척족 정권은 사회 변화에 대한 근본적 개혁 능력과 의지
없이 새로운 세력의 정치 참여와 비판을 봉쇄해 정치 발전과 사회
통합을 가로막는다. 조선 말기 극성을 부린 세도 정치는 근대화를
지향해야 할 중요한 시점에 역사 발전을 가로막는 요인으로 작용
했다.

외척 정치의 정점에는 왕후의 아버지, 임금의 장인이 있었다. 임
금의 장인은 나라의 장인, 즉 '국구國舅'로 칭했다. 국구가 되면 정
1품 부원군府院君의 작위가 주어진다. 국구에게는 영의정에 준하는

1 작자 미상, 〈김우명 초상〉 부분
   19세기, 전체 83×55.5㎝, 비단에 채색, 국립춘천박물관

2 작자 미상, 〈김조순 초상〉 부분
   전체 44.5×33.5㎝, 종이에 채색, 개인소장

3 이한철, 〈조만영 초상〉 부분
   전체 51×38㎝, 기메박물관

예우를 했으며 실제로 예종의 장인 한백륜, 성종의 장인 윤호 등 많은 국구가 정승 반열에 올랐다. 하지만 국구를 중심으로 그 가문 인물들이 조정 권력을 독식하면서 심각한 폐단을 불러왔다. 조선 시대 왕은 추존왕인 덕종, 원종, 진종, 장조, 문조를 포함해 모두 32명이다. 이에 반해 왕비는 45명이다. 이 가운데 청주 한씨 출신 이 덕종의 비인 소혜왕후(인목대비)를 포함해 총 5명으로 가장 많으 며 그다음 파평 윤씨 · 여흥 민씨 각각 4명, 반남 박씨 · 청송 심씨 · 경주 김씨 각각 3명, 청풍 김씨 · 안동 김씨 · 풍양 조씨 · 거창 신씨 각각 2명 등이다. 이들은 조선 사회를 쥐고 흔들었던 경화사족京華士族 (한양에 기거하는 문사권력층)의 리스트와 정확히 일치한다.

인종, 명종 때에는 파평 윤씨 가문이 서로 대윤, 소윤으로 갈라져 싸웠다. 장경왕후(1491~1515)는 윤여필(1466~1555)의 딸로 중종의 제1계비가 됐지만, 인종을 낳고 바로 죽는다. 윤지임(1475~1534)의 딸인 문정왕후(1501~1565)가 제2계비로 들어가게 되는데 윤여필과 윤지임은 7촌 숙질 사이였다. 인종 생존 시 명종을 세자로 책봉하 는 문제를 놓고 장경왕후의 오빠인 윤임(1487~1545)과 문정왕후의 남동생인 윤원형(1507~1565)이 치열한 암투를 벌였다.

인종이 죽자 윤원형은 을사사화乙巳士禍를 일으켜 윤임 일파를 숙 청한다. 문정왕후의 비호 아래 권력을 독차지하게 된 윤원형은 궁 인들을 모두 포섭해 명종의 일거수일투족을 감시했다. 권세를 이 용해 막대한 부도 축적했다. 실록은 "뇌물이 문에 가득해 재산이

국고보다 더 많았다"라고 적었다. 그의 애첩으로 나중에 정경부인이 된 정난정은 요녀의 상징으로 자주 언급된다.

그러나 장인의 권력도 절대왕권 시대에는 어림없는 일이다. 적절한 예로 세종의 장인인 심온(1375~1419)을 들 수 있다. 상왕으로 물러난 태종은 외척이 성장하는 것을 극도로 경계했다. 그런데 심온이 1418년 사은사로 봉해져 명나라로 떠날 때 도성이 텅 빌 정도로 배웅 인파가 몰렸다. 태종은 청송 심씨 가문을 장래 왕권을 위협할 세력으로 판단하고 심온의 동생 심정이 태종의 병권(군을 통수할 수 있는 권력) 장악을 비난한 걸 꼬투리로 잡아 사돈인 심온에게 사약을 내렸다.

조선 말기에 오면서 국구와 그들 일족의 발호가 극에 달했다. 김조순(1765~1832)은 안동 김씨(장동 김씨) 세도의 시대를 열었다. 김조순은 순조의 비인 순원왕후(1789~1857)의 부친이다. 정조의 신임이 두터웠으며 정조의 사후 사위인 순조를 30년 동안 보필했다. 하지만 주변 관리가 허술해 아들 김좌근의 소실인 나주 기생 나합이 국정을 농단하도록 했다.

안동 김씨는 이어 헌종에게도 딸을 시집보낸다. 김조순의 7촌 조카인 김조근(1793~1844)의 여식 효현왕후(1828~1843)다. 그러나 그녀가 16세의 나이로 사망하고 순조마저 승하하자 새롭게 등장한 문조(효명세자)의 장인 조만영(1776~1846) 집안인 풍양 조씨에게 세력을 일시적으로 빼앗긴다. 하지만 철종이 즉위하고 순조비 순원왕후가 수렴청정을 하면서 8촌인 김문근(1801~1863)의 딸을 철종비 철인왕후(1837~1878)로 맞아들인 뒤로 국구가 된 김문근이 정권을 장악했다.

철종대 안동 김씨의 전횡은 더욱 극심해졌다. 국가 재정의 근간을 이뤘던 전정, 군정, 환정 등 삼정의 문란은 이 시기 비롯됐다. 한때 왕위 계승자로 부각 됐던 덕흥대원군의 종손 이하전이 철종에게 "이 나라가 김씨의 나라요, 이씨의 나라요"라고 항의했다가 모함을 받고 1862년 사사됐다.

조선의 기본 법전인 《경국대전經國大典》에 따르면 왕의 혼인 대상이 될 수 있는 신분은 양반 사대부에 국한됐으며 과붓집 딸, 중인, 서얼, 고아는 배제됐다. 후대에는 유배형에 처한 죄인과 조부가 입신출세하지 못한 자 또한 후보에서 제외됐다. 흥선대원군 이하응은 왕실의 외척들에 의해 정치가 좌우되는 세도 정치에 환멸을 느껴 이 원칙을 어기고 민치록(1799~1858)의 외동딸이자 고아였던 명성황후(1851~1895)를 며느리로 맞았다.

하지만 명성황후는 스스로 자신의 집안인 여흥 민씨 세도를 적극적으로 키웠다. 그녀는 시아버지와의 처절한 권력 다툼 사이에서 믿을 것은 혈육뿐이라고 생각했다. 명성황후의 아버지이자 고종의 국구인 민치록은 생존해 있지 않았으므로 먼 친척 오빠인 민승호(1830~1874)가 그 자리를 대신했다. 민치록의 양아들로 입적된 후 명성황후의 친오빠가 된 민승호는 음서로 관직에 들어왔지만,

● 명성황후의 먼 친척 오빠이면서 그녀를 배경으로
막강한 권력을 휘둘렀던 민태호

왕후의 지원으로 조정 요직을 거머쥐었다. 1874년 폭탄 테러로 그와 그의 가족이 몰살당한 뒤에는 민승호의 친동생인 민겸호가 그 뒤를 이어받아 척족의 거두로 부상했다. 민겸호(1838~1882)는 선혜청에 있으면서 군인들의 급료를 착복하고 모래를 섞어서 주어 임오군란의 원인을 제공했으며 난리 중에 반군에 의해 피살됐다. 민씨 일족의 한 사람인 민태호(1834~1884)는 아들 영익을 사망한 민승호의 양자로 보내고 민승호, 민겸호가 가졌던 권력을 계승했다. 그는 김옥균 등 개화파가 일으킨 갑신정변 때 피살됐다.

초상화가 전해오는 국구들은 효종의 장인이자 인선왕후의 아버지인 장유, 현종의 장인 김우명, 숙종의 장인 김만기, 정조의 양아버지 진종의 장인 조문명, 순조의 장인 김조순, 문조의 장인 조만영 등이다.

감히 왕의 딸을 거부한 자,
멸문지화를 당하다

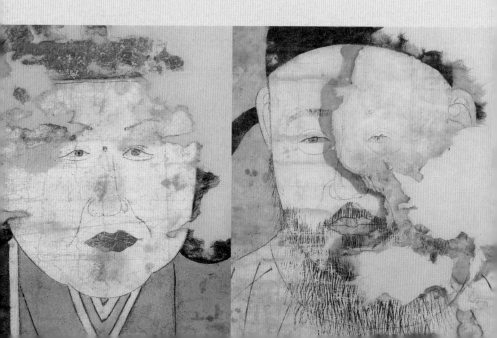

세종대 명신 정인지의 아들 정현조(1440~1504)는 세조와 정희왕후의 딸 의숙공주(1442~1477)와 결혼해 하성위에 봉해졌다. 막강한 왕권을 휘둘렀던 세조의 딸, 그것도 옹주가 아닌 공주를 아내로 맞는다는 것은 출세를 보장받는 것이나 다름없었다. 실제 정현조는 1468년(세조 13) 별시 문과에 을과(3등급 중 2등급)로 급제했다. 그는 세조 사후에도 승승장구해 예종 초기 남이의 옥사를 다스리는 데 참여한 공로로 추충보사정난익대공신 2등에 봉해졌고 성종의 즉위를 도운 공로로 순성명량경제홍화좌리공신 1등을 하사받았다. 그러나 정현조의 후손은 모두 관직에 오를 수 없는 서얼이 됐다. 그의 재혼 때문이었다.

불행히도 왕의 사위는 재혼이 금지됐다. 그러나 의숙공주가 후사 없이 단명한 뒤, 정현조는 양반이던 충찬위 이징의 딸과 재혼한다. 당연히 이 씨 부인은 정식 부인으로 인정받지 못했다. 성종은 법을 어긴 정현조의 자식들을 서얼로 강등했다. 중종 대 와서 이 씨가 자식들의 벼슬길을 열어달라 청했지만 받아들여지지 않았다.

왕의 사위, 부마駙馬는 부마도위駙馬都尉의 줄임말이다. 부마는 고대 중국에서 천자의 말을 돌보는 황제의 최측근 관직이었다. 후한의 명제明帝가 여동생을 당시 부마도위 한광에 시집보내면서 부마

〈권협 초상〉
17세기, 전체 152 x 95cm, 비단에 채색, 국립민속박물관
그의 손자 권대임이 선조의 딸과 혼인했다.

● 〈경신공주와 이애 부부 초상〉
　청주 이씨 종중. 경신 공주의 유일한 초상이다.

가 '공주의 남편'이란 뜻으로 바뀌었다. 우리나라도 부마의 지위는
최고 명문가에게만 허용됐다. 조선 시대 부마 가문을 보면 왕후
및 문과 합격자를 많이 배출한 집안에 집중된다. 파평 윤씨는 모두
7명의 부마가 나와 '부마지가駙馬之家'로 명성을 떨쳤다. 태종은 정
신옹주, 숙년옹주, 숙순옹주 등 4명의 딸을, 성종은 정숙옹주, 경
휘옹주를 파평 윤씨 문중에 시집보냈다. 청주 한씨, 청송 심씨, 안
동 권씨, 반남 박씨 가문에서 각 4명, 연일 정씨, 해평 윤씨, 남양
홍씨(당홍계), 의령 남씨에서 각 3명씩을 왕의 딸에게 장가보냈다.

부마가 된다는 것은 곧 왕실의 일원이 된다는 것을 의미했다. 집과 땅, 노비 등이 내려지고 벼슬이 하사되며 죄를 면제받는 등 각종 은전이 제공됐다. 중종 때 권신인 김안로(1481~1537)는 기묘사화(1519년 훈구파에 의해 신진사림들이 숙청된 사건)로 유배형에 처했지만, 아들 김희(연성위)가 중종의 딸 효혜공주와 혼인하면서 사면됐다. 이후 김안로는 이조판서, 우의정, 좌의정 등 조정의 요직을 차지하고 권력을 남용해 논란이 됐다.

예조판서를 지낸 권협의 손자 권대임(길성위)은 선조와 정빈 민씨 사이에서 태어난 정선옹주(1594~1614)를 아내로 맞았다. 권대임은 부평부(구로구 궁동 일원)에 살았는데 선조가 결혼을 기념해 근처 땅을 선물했다. 궁동이라는 지명은 권대임의 집이 대궐만큼 크다고 해서 붙여졌다.

반면 부마의 불이익도 적지 않았다. 우선 재혼과 축첩이 불허됐다. 반남 박씨 유학 박태장의 아들 박필성(금평위, 1652~1747)은 효종과 안빈 이씨의 딸 숙녕옹주(1649~1668)와 혼례를 올렸다. 그러나 숙녕옹주는 20세에 천연두를 앓다가 사망했다. 박필성은 숙녕옹주가 죽은 뒤 홀로 80년을 더 살다가 96세를 일기로 사망했다. 영조는 90세 때 궤장(임금이 70세 이상의 연로한 대신들에게 내린 하사품)을 내렸다.

1884년 김옥균, 서재필 등과 모의해 갑신정변을 일으킨 급진개화파로 널리 알려진 박영효(금릉위)는 1872년(고종 9) 철종의 유일한 장성한 자녀인 영혜옹주(1859~1872)를 아내로 맞아들였다. 그러나 영혜옹주는 3개월 만에 죽고 말았다. 후일 자식도 없이 사는 박영효를 불쌍히 여긴 고종이 궁녀를 후실로 삼게한다. 박영호는 근대화의 선각자로 평가되지만, 일제강점기에 일본에서 귀족작위를 받아 오명을 남겼다.

재혼 및 축첩 금지법을 무시한 간 큰 사위들도 없지는 않았다. 조의정(순원위)은 중종과 숙원 이씨의 딸인 효정옹주(1520~1544)와 혼례를 치렀지만, 부마의 규율을 깨고 첩을 둬 중종의 꾸지람을 들었다. 그럴 때마다 옹주는 투기하지 않고 남편을 적극적으로 변호했으나 조의정은 뉘우치지 않고 효정옹주를 박대했다. 효정옹주가 아이를 낳고 나흘 만에 죽자 중종은 조의정을 유배형에 처해버렸다.

부마는 또한 왕실의 일원으로서 정치적 사건에 연루돼 고초를 겪었다. 이제(1365~1398)는 고려말 권신 이인임의 조카로 이성계의 셋째 딸인 경순공주와 혼인했다. 그는 제1차 왕자의 난 때 정도전 일파로 몰려 이방원에게 무참히 살해됐다. 아내가 "방원의 일파에 가담하라"고 당부했지만, 이제는 아내의 말을 무시했다가 변을 당했다. 참판 정충경의 아들 정종(?~1461)은 문종의 유일한 사위다. 그는 문종의 딸 경혜공주(436~1473)와 혼인해 영양위에 봉해졌고 처남인 단종 때 형조판서에 오르기도 했다. 그러나 1455년(단종 3) 수양대군(세조)이 계유정난을 일으키자 금성대군 등과 함께 유배를

〈신익성 초상〉
17세기, 60.5 × 30.9cm,
종이에 채색, 부산 일암관

갔고, 이듬해 사육신 사건으로 죄가 가중돼 다시 경기도 광주시에 안치되었다. 이어 1461년 승려 성탄 등과 반역을 도모하다가 발각돼 능지처참 됐다.

부마는 과거시험에도 응시할 수 없어 현달한 인물이 드물었다. 그러나 그런 부마 중에서도 선조의 사위였던 동양위 신익성(1588~1644)은 뛰어난 문장가이자 박식한 인물로 널리 알려져 있다. 그는 영의정을 지낸 신흠의 아들로 선조와 인빈 김 씨의 소생 정숙옹주(1587~1627)를 맞아 5남 4녀를 낳았다. 광해군 때 폐모론을 적극적으로 반대했고 병자호란이 발발하자 남한산성에서 인조를 보필했다. 청과의 화친을 끝까지 반대해 중국으로 잡혀가기도 했다. 신익성의 집은 찢어지게 가난했다. 정숙옹주는 선조에게 "이웃집과 가까워 말소리가 들리고 처마도 얕아 집 안이 외부로

〈이제 초상〉 부분
1865년, 한국학중앙연구원 소장

드러난다"라고 하소연 했다고 한다.

왕의 딸일지라도 시집을 가면 그 집 사람이 돼야만 했다. 영의정 김흥경의 아들 김한신(월성위)은 영조와 정빈 이씨 소생 화순옹주(1720~1758)를 아내로 맞았다. 김한신이 세상을 뜨자 옹주는 애도하며 곡기를 끊고 영조의 만류에도 남편을 따라 죽었다. 정조는 화순옹주를 열녀로 봉했다. 화순옹주는 조선 왕녀 중 유일한 열녀다. 성종과 귀인 엄씨의 딸인 공신옹주(1481~1549)도 18세에 남편(한명회의 손자 한경침)을 잃고 평생 수절했다.

이속이라는 인물은 태종의 청혼을 감히 거절했다가 멸문지화의 처벌을 받았다. 태종은 여러 후궁 중에서 신빈 신씨(?~1435)를 가장 총애했다. 정신옹주(?~1457)는 그런 신빈 신씨의 딸인 만큼 태종의 사랑을 한 몸에 받았다. 태종은 옹주의 혼기가 차자 강원도 지춘천군사 이속에게 청혼을 했다. 그런데 이속은 궁녀에게서 태어난 옹주와는 자기 아들을 혼인시킬 의사가 없다고 퇴짜를 놓았다. 이 말을 전해 들은 태종은 이속을 잡아 매질한 뒤 재산을 몰수하고 지방의 관노비로 만들었다. 이속의 아들은 왕의 딸을 거부했다는 죄목으로 평생 장가도 가지 못했다.

부마의 초상화는 극히 드물다. 선조의 사위 동양위 신익성, 태종에게 죽임을 당한 이제의 초상, 조선 초기 무신인 이애와 그의 부인이자 태조의 장녀인 경신공주의 부부상이 전해 내려온다.

3부

시대와 위인을
담은 초상화

충청도의 수많은 별칭,
치욕의 역사일까

"큰 죄인이 있으면 도의 명칭을 바꿔 버린다. 충청도를 혹 '공홍도'라고도 하고 혹 '청공도'라고 해 그 명칭이 일정하지 않고 몇 해 후면 다시 본래의 명칭으로 되돌아가니 과연 무슨 유익함이 있겠는가. 사람을 죄 줄 일이지, 땅을 죄 줄 일이 아니다."

조선 후기 실학자 이익이 쓴《성호사설》의 한 대목이다. 강력한 중앙집권제를 시행한 조선은 지방세력을 견제하고 지방민을 효과적으로 통제하기 위한 지방통치책이 필요했다.

강상대역綱常大逆(부자와 상하의 윤리를 어지럽히거나 왕권을 범하는 행위)의 중대범죄가 발생할 시 죄인을 부대시참不待時斬(즉시 참형에 처하는 형벌)하는 동시에 그가 속한 고을을 징벌적으로 강등하고 그 지역이 도명에 사용되던 부·목·도호부 등의 대읍일 때는 도의 이름까지 바꿨다. 충청도가 이런 제도의 최대 피해자였다. '충청'이라는 지명은 1106년(고려 예종 1) '충주'와 '청주'의 앞글자를 따 '양광충청주도'를 설치하면서 처음으로 생겼다. 그러나 조선 시대 들어서는 충청 지명을 지속해서 지켜내지 못했다. 충청은 1505년(연산군 11)을 시작으로 1871년(고종 원년)까지 366년 동안 20차례 가까이 명칭을 바꿔야했다. '충공도'(충주+공주), '충홍도'(충주+홍주), '청공도'(청주+공주), '청홍도'(청주+홍주), '공충도'(공주+충주), '공청도'(공주+

● 〈윤효전 초상〉 (보물 제1502호)

179.6 × 106.5㎝ 비단에 채색, 개인 소장. 1629년 복관된 뒤 이를 기념하
기 위해 제작된 것으로 추정된다. 1614년(광해6) 공흥도 관찰사를 했다.

청주), '공홍도'(공주+홍주), '홍충도'(홍주+충주), '홍청도'(홍주+청주) 등 명칭도 다양하다.

이 가운데 공충도가 4회로 가장 많았고 다음으로 공홍도 · 충홍도 3회, 충공도 · 충홍도 2회의 순이다. 처벌기한 10년을 원칙으로 했던 점을 고려할 때 충청도는 1500년대 이후 절반 이상의 시기에 별칭을 썼던 셈이다.

연산군 11년(1505) 환관 김처선이 연산군의 폭정을 비판하다가 연산군에게 처참하게 살해당한다. 분을 채 삭이지 못한 연산군은 김처선의 양자 이공신도 함께 죽이고, 이어 엉뚱하게도 이공신의 고향인 청주목을 폐지해 버린다. 이에 따라 충청도는 지명에서 청주가 빠지고 그 자리를 공주로 대신하면서 '충공도'가 됐다.

중종 반정 후 충청도라는 지명을 되찾았지만 중종 35년(1539) '유석 살부미수사건'이 터져 충주가 '예성군'으로 떨어졌고 도명은 다시 '청공도'로 주저앉았다. 사건은 강원도 원주에서 일어났는데 범인의 출생지가 충주목이라는 이유로 충청도가 애꿎은 피해를 당했던 것이다.

충청도는 중앙에서 벌어진 정치암투의 희생양이 되기도 했다. 1547년(명종 2) 윤원형 등의 소윤 일파가 꾸민 '양재역 벽서사건'으로 윤임(대윤)의 인척인 이약빙이 처형되고 이약빙의 아들 이홍남이 영월로 유배된다. 2년 뒤 이홍남이 충주에 살던 자신의 친동생 이홍윤이 반역을 꾀했다고 거짓 고변하는 '충주 역모사건'이 일어

1 〈홍만조 초상〉
　　국보 제325호(기해기사계첩), 52 × 36cm, 종이에 채색, 국립중앙박물관
　　홍만조는 1690년(숙종 16) 충청관찰사를 했다. 이후 전라, 강원, 함경, 경
　　상, 경기관찰사를 했고 형조판사, 좌우참찬을 지냈다.

2 〈이선부 초상〉
　　국보 제325호(기해기사계첩), 52 × 36cm, 종이에 채색, 국립중앙박물관
　　이선부는 1696년(숙종 22) 충청관찰사를 했고 경기관찰사, 형조판서를
　　역임했다.

난다. 소윤이 이홍남을 사면해 주는 조건으로 사주했던 것이다.
사건 조사를 위해 국청이 꾸며졌고 가혹한 심문 끝에 충주 출신
40여 명을 포함한 200여 명이 처벌을 받았다. 충주는 왕명에 따라
'유신현'으로 격하되고 충청도도 '청홍도'로 개칭된다.
　　충청도는 조선 후기에 더욱 빈번하게 이름을 바꿔 달았다. 1735년
(영조 11) '이인좌의 난'에 연루된 청주와 충주, 나주, 원주가 목에서

● 〈윤동승 초상〉 부분
종이에 채색, 국립중앙박물관
윤동승은 영조 때 충청관찰사를 했고 대사성,
대사헌을 역임했다.

현으로 강등되면서 '청주'와 '충주'를 모두 쓰지 못하게 된 충청도는
'공홍도'로 변경됐다. 국정이 혼란스러웠던 순조 때는 어지러울 만큼
개명과 원상복귀를 되풀이했다. 1804년(순조 4) 공충도, 1813년(순조
13) 충청도, 1817년(순조 17) 공청도, 1826년(순조 26) 1월 충청도, 10월
에는 공충도, 1834년(순조 34) 충청도로 계속 바뀌었다. 1862년(철종
13) 마지막으로 '공충도'가 된 뒤 1871년(고종 8) 충청도로 회복되면
서 더 이상의 개칭은 없었다.

　반면 경상도와 전라도는 같은 삼남三南이면서도 상대적으로 편
애를 받았다. 경상도는 신라왕조의 본거지이고, 전라도는 조선왕
조의 본향이라는 이유로 처벌이 관대했다. 충청도에 비하면 전라

도의 명칭 변경 사례는 현저히 적다. 전라도는 1655년(효종 6) 나주목에서 전패殿牌(지방객사에 두던 임금을 상징하는 나무패)가 파손되는 사건이 발생해 나주목이 금성현으로 강등되면서 개칭된 것을 포함해 '전광도'(전주+광주), '전남도'(전주+남원), '광남도'(광주+남원) 등으로 3~4차례 바뀌었을 뿐이다.

경상도는 아예 이름을 바꾼 사례를 찾아내기 힘들다. 단종 복위운동에 연루된 '순흥도호부'가 해체돼 충청, 강원으로 편입되면서 영역이 줄어든 적은 있었다. 누가 보더라도 충청도가 경상, 전라 지역보다 차별받았다는 사실은 분명해 보인다.

충청도는 지리적 특성상 중국이나 외국의 문물을 쉽게 접할 수 있었다. 따라서 일각에서는 충청지역이 개방적이었으며 다양성을 추구하는 분위기가 강했다고 분석한다. 지역에 흐르는 긍정적인 에너지가 원동력이 되었는지, 실제로 일제강점기의 애국지사 중에는 충청지역 출신이 많다. 김좌진(홍성), 유관순(천안), 윤봉길(예산), 한용운(홍성), 손병희(청원), 신채호(청원), 이동녕(천안), 이상재(서천), 이상설(진천), 조병옥(천안) 등이다.

충청도가 별칭으로 존재했을 때 감사(관찰사)를 지낸 명사들을 살펴보면 다음과 같다. 실사구시 학문을 추구했던 박세당(1629~1703)은 1681년(숙종 7) 공청관찰사에 임명됐다. 그는 현종 1년(1660) 증광문과에 장원으로 급제한 인물이었지만 당쟁에 혐오를 느낀 나머지 관료 생활을 포기한다. 그 뒤 한성부판, 예조판서, 이조판서 등의 벼슬이 내려졌지만 모두 부임하지 않았다. 그는 1703년 주자학과 송시열을 비판해 사문난적斯文亂賊(유교를 어지럽히는 도적)으로 낙인찍히기도 했다.

예송논쟁 때 남인(청남)의 대표주자로 서인과 대립했던 윤휴의 아버지 윤효전(1563~1619)은 1614년(광해 6)에 공홍관찰사를 역임했다. 1605년(선조 38) 증광문과에 병과로 급제해 왕자사부를 거쳐 대사헌, 경주 부윤 등을 지냈다. 1613년(광해군 5) '임해군의 역모 사건'을 다스린 공으로 익사공신에 봉해졌다. 인조반정 후 인목대비 폐위에 관여했다는 죄목으로 관작이 추탈되지만 1629년 아들 윤휴의 상소로 누명을 벗는다.

퇴계 이황의 형 이해(1496~1550)는 1549년(명종 4) 청홍관찰사를 했다. 이해는 이때 역모 고발자를 처형했다가 곤경에 처한다. 그와 대립했던 이홍남(충주역모사건의 고변자)이 대간을 부추겨 "이해가 역모를 은폐하기 위해 사람을 죽였다"라고 탄핵했기 때문이다. 이해는 의금부에 붙들려 와서 모진 고문을 받다가 죽었다.

민씨 척족의 일원인 민치상(1825~1888)도 1867년(고종 4) 공충관찰사에 부임했다. 민치상은 도승지, 예조판서, 판의금부사 등의 벼슬을 지냈다. 조선 후기 문신 서유린(1738~1802)은 1777년(정조 1) 홍충도 관찰사를 지냈다. 서유린은 1766년(영조 42) 정시 문과에서 장원급제해 대사헌, 병조판서, 판의금부사, 한성부판윤 등에 올랐다.

걷는 것도 버거웠던
거구의 위인들

역사에 관심이 있다면 성군의 대명사 세종대왕 (1397~1450·재위 1418~1450)이 '걸어 다니는 종합병원'이었다는 이야기도 들어봤을 것이다. 세종은 당뇨에 안질, 어깨통증, 다리 통증, 관절질환, 중풍, 임질까지, 평생 각종 질병을 달고 살았다. 그는 운동을 꺼렸고 육식을 즐겨 어릴 때부터 비만이었다.

태종은 그런 아들의 건강을 걱정해 운동을 권하기도 했다. 세종 즉위년(1418) 10월 실록에 따르면 상왕으로 물러난 태종은 "주상(세종)의 몸이 뚱뚱하고 무겁다"면서 "문과 무, 어느 하나라도 폐할 수 없는 즉, 나는 주상과 함께 무예를 배우려 한다"고 말한다. 앞서 1418(태종 18) 6월 태종은 양녕대군을 폐하고 세종을 왕세자로 지명하는 자리에서도 세종의 체격을 거론한다. 태종은 "충녕(세종)은 천성이 총명하고 민첩하고 자못 학문을 좋아하여 (중략) 비록 술을 잘 마시지 못하나 적당히 마시고 그친다. 또 아들 가운데 장대하다"라고 했다.

역사를 이끈 위인들은 사회적으로 왕과 귀족이었거나 사대부였고 경제적으로는 지주계층이었다. 풍족하고 편한 생활을 했을 것이고 또한 새벽부터 밤늦게까지 학문에 전념하느라 운동할 여유가 없어 몸집이 비대했을 것으로 쉽게 짐작된다.

〈최조악 초상〉(등준시무과도상첩)
47.0 × 35.2cm, 비단에 채색, 국립중앙박물관
최조악은 1774년(영조 50) 당상관 이상의 문
무관리를 대상으로 치러진 등준시에서 병과
(3등급)로 합격했다. 조선 초상화 인물로는 드
물게 뚱뚱하다.

영조의 아들 사도세자도 비대한 체질이었다. 영조는 채식 위주
의 식사를 해 마른 체형이었지만 사도세자는 식탐이 많았다. 승정
원일기에는 영조가 아들의 비만을 염려하는 대목이 수도 없이 등
장한다. 영조 20년(1744) 4월 14일 자 일기에는 "세자가 식사량이
너무 많고 식탐을 억제하지 못해 뚱뚱함이 심해지고 배가 나와 열
살 아이 같지 않다"라고 언급돼 있다. 9월 15일 자 일기에서 영조
는 심지어 "(세자가) 글을 이해하는 능력은 뛰어나지만 뚱뚱해서 얼
굴 생김새가 별로라 답답하다"라고 한탄한다. 사도세자의 아내 혜
경궁 홍씨가 말년에 쓴 회고록《한중록》에도 "사도세자의 체격이

크고 굵다"라고 적혀 있다.

사도세자는 비록 몸은 비대했지만 움직이는 것을 싫어한 세종대왕과 달리 무인 기질이 강했고 실제 무예 실력도 뛰어났다. 책도 딱딱한 경전보다는 병서를 탐닉했다. 《정조실록》은 "사도세자는 어릴 때부터 군대놀이를 좋아했고 병서도 즐겨 읽었다. 한가할 때면 말을 달리며 무예를 시험했으며 15~16세부터는 건장한 군사들도 들기 힘들어하는 청룡도와 커다란 쇠몽둥이를 자유자재로 사용했다"라고 썼다.

사대부 중에서도 뜻밖의 뚱보들이 많다. 조선왕조의 설계자 정도전(1342~1398)도 뚱뚱했다. 그는 이상적 관료국가 건설에 전념하다가 조선을 이씨의 나라로 만들려는 이방원에게 살해당한 비운의 인물이다. 그는 심효생 등과 인근 남은의 첩 집에 머물다가 피살됐다. 《태조실록》에 의하면, 이경二更(오후 9~11시)에 이방원은 수하들과 함께 정도전 일행이 있는 집을 포위했다. 정도전과 남은은 그곳에서 등불을 밝히고 모여 앉아 웃으면서 정담을 나누고 있었다. 그러던 중 이웃집에 갑자기 불을 지르니 모두 도망해 숨었고 정도전도 전 판사 민부의 집으로 달아났다. 민부는 정도전에게 침실 안에 숨어 있으라고 하고는 밖으로 나와 "배 불룩한 사람이 내 집에 들어왔다"라고 밀고했다. 이방원은 그가 정도전임을 알아차리고 불러내라고 명했다. 정도전은 자그마한 칼을 갖고 걸음도 걷지 못한 채 엉금엉금 기어서 나왔다.

1145년(고려 인종 23) 김부식이 편찬한 삼국사기.
32.1 × 21.9cm, 종이, 국립중앙박물관. 김부식은 얼굴이 검고 체구가 장대했다고
기록은 전한다.

"칼을 버려라"라고 고함을 치자 정도전은 칼을 던지고 살려 달라며 목숨을 구걸했다. 이방원은 "조선에서 부귀와 영예를 누렸는데 무엇이 부족해 어린 서자를 세자로 삼아 권력을 마음대로 했느냐"고 꾸짖고는 목을 쳤다.

흥미로운 것은 민부가 정도전을 '배 불룩한 사람'이라 지칭했고 이방원도 그가 정도전임을 알았다고 서술돼 있다는 점이다. 기록에 따르면 그는 제대로 걷기도 힘들 만큼 뚱보였다는 말이 된다. 권근이 쓴 《삼봉 선생 진찬》에도 "(정도전의) 얼굴이 윤택하다"라고 서술돼 있다.

● 〈장유 초상〉

157.5 × 100cm, 비단에 채색, 국립중앙박물관

장유는 한문 4대가 중 한 명이다. 위구르계 후손
이어서 얼굴이 검고 덩치가 크다. 그의 딸 효종
비 인선왕후 장씨도 부친을 닮아 한 덩치 했다.

노론 벽파가 세손 정조를 해치려는 음모를 막아 정조 초기 무소불위의 권력을 휘두른 홍국영(1748~1781)도 비만형이었다. 조선 후기 문신 심노숭(1762~1837)은 1779년 둘째 외삼촌 댁을 갔을 때 마침 그곳을 방문했던 홍국영의 모습을 볼 기회가 있었다. 그의 저서《자저실기》에는 "창문 틈으로 홍국영을 보았는데 키가 작았지만, 몸집은 비대했다. 뺨은 좁았으며 얼굴이 항상 불그레했다. 눈은 반짝반짝 빛이 났으며 가까이 있으면 쏘는 듯한 기운이 있어 잠깐이라도 남들이 똑바로 쳐다보지 못했다"라고 쓰여있다.

홍국영은 권력을 남용하다가 정조의 눈 밖에 나 온 집안을 거느리고 강릉으로 쫓겨났다. 그는 서울에서 챙긴 종이, 부채, 환약, 향을 생선과 술로 바꿔 먹었고 쫓겨난 지 1년 만에 34세의 나이로 감기에 걸려 죽었다.

《삼국사기》의 편찬자 김부식은 피부가 검고 체구가 장대했다. 송나라 사신으로 고려를 다녀간 경험을《고려도경》이라는 책으로 써서 남긴 서긍은 "(경주) 김씨는 대대로 고려의 문벌 가문이며 그 자손 가운데 글을 잘하고 학문에 정진함으로써 등용된 사람이 많다"라고 소개한다. 그러면서 "(김부식은) 장대한 체구에 얼굴은 검고 눈이 튀어나왔다. 하지만 두루 통달하고 기억력도 탁월하여 글을 잘 짓고 역사를 잘 알아 학사들에게 신망을 얻는데 그보다 앞선 사람이 없었다"라고 전했다. 서긍은 송나라 황제에게《고려도경》을 바치면서 김부식의 초상화까지 그려서 보고했다.

이정구, 신흠, 이식과 함께 '한문 4대가'로 불리는 장유(1587~1638)도 초상화에서도 볼 수 있듯 피부가 검고 체격이 좋았다. 그의 본관은 '덕수'로 1275년(충렬왕 1) 고려에 귀화한 위구르인 장순룡이 그의 선조다. 그는 심한 골초였다. 담배는 1622년(광해군 14) 일본에서 들어왔는데 흡연은 곧 조선 사회에 선풍적으로 유행한다. 장유는 늘 담배 문제로 장인과 갈등이 심했다. 그의 장인은 병자호란 때 주전파를 대표했던 김상헌의 형 김상용(1561~1637)이다. 조선 말기 문신 이유원의 《임하필기》에 따르면 장인은 사위가 내뿜는 담배 연기와 냄새를 지독히도 싫어했다. 그래서 임금에게 주청해 '요망한' 풀이 유통되지 못하게 했다. 그러나 시중에서는 담배가 근절되기는커녕 날개 돋친 듯 거래됐다.

장유는 효종의 장인이다. 그의 딸 인선왕후 장씨(1618~1674)도 부친을 닮아 한 덩치 했다. 평소에도 살집이 있었는데, 오랜 투병 생활로 몸까지 부어 사망했을 때 관을 넉넉하게 제작했다고 전해진다.

조선 최고의 재상은
사팔뜨기

초상화를 그 초상화의 주인공과 동일시하는 '일호불사 편시타인—毫不似 便是他人(터럭 한 오라기라도 다르면 그 사람이 아니다)'의 명제는 중국에서 비롯됐지만, 우리나라에서 만개하면서 극사실주의 화풍을 유행시켰다. 그와 동시에 형상을 그대로 옮기는 데 그치지 않고 내면의 정신을 외면의 형상으로 표현하는 경향도 두드러졌다. 유교 경전 중 하나인 《대학大學》에 '성어중 형어외誠於中 形於外'라는 구절이 있다. '마음에 내적인 성실함이 있으면 그것이 밖으로 반드시 드러나는 법이다'라는 의미다. 조선의 선비들은 외모란 내면의 정신세계를 반영해야 한다고 생각했다.

초상화 제작에는 원시적인 형태의 카메라인 '옵스쿠라'가 이용되기도 했다. 암실에 뚫린 작은 구멍을 통해 들어온 빛으로 사람의 모습을 반대편 벽에 거꾸로 비추고 이를 그대로 따라 그리는 방법이다. 조선 후기 실학자인 다산 정약용의 문집인 《여유당전서與猶堂全書》에 "이기양이 나의 형 정약전 집에 '칠실파려안漆室坡黎眼'을 설치하고 거기에 비친 거꾸로 된 그림자를 따라 초상화를 그리게 했다"라고 적혀 있다. '칠실'은 매우 캄캄한 방, '파려'는 유리, '안'은 본다는 뜻으로 깜깜한 방에서 유리 렌즈로 보는 장치라는 뜻이다. 채제공(1720~1799)의 초상화는 마치 한 장의 사진을 보는 듯하다.

樊巖蔡相國濟恭伯規甫七十三歲真

聖上十五年辛亥御眞圖寫後命摸爲小本藏于內明年壬子粧

畫者李命基

甫形甫鬚 父母之恩

賁餙一身 所愧歟後 何揚非恩 無計報恩

樊翁自賛自書

● 이명기,〈채제공 초상 일괄-시복본〉(보물 제1477-1호)
1792년, 120×79.8㎝, 비단에 채색, 수원화성박물관 그는 정조 치세에 10여 년간 재상 자리에 있으면서 탕평책을 성공적으로 이끌어 당쟁을 진정시켰고 학문과 예술을 장려하는 정조의 문예 부흥 정책을 주도했다.

조선 전기의 명재상으로 황희가 언급된다면 후기에는 그 영예가 채제공에게 돌아가야 마땅하지 않을까. 그는 24세이던 1743년(영조 19) 정시 문과에 급제해 1771년 동지사로 청나라에 다녀온 뒤 평안도 관찰사, 예조판서 등을 지냈다. 동지사는 동지에 명나라와 청나라에 보내던 사절이다. 채제공은 1776년 정조가 즉위한 이후 왕의 두터운 신임을 받아 1788년 우의정, 이듬해 좌의정에 올랐고 3년 동안 영의정과 우의정이 없는 '독상獨相'으로 재직했다. 이어 1793년 드디어 영의정에 등용됐다.

채제공의 초상화는 정조의 극진한 배려로 많은 수가 그려졌고 이중 정장관복인 흑단령본, 오사모에 서대를 두르고 담홍색 포를 입은 시복본, 의례용인 금관조복 차림의 초상화와 밑그림으로 사용됐던 유지초본 등 다수의 초상화가 전해온다.

그런데 이 초상화에서 채제공의 양 눈은 서로 다른 쪽을 바라보고 있다. '사시斜視'인 것이다. 그런 것과는 상관없이 그에 대한 정조의 신임은 독보적이었다. 채제공이 죽었을 때 정조는 "그는 50여 년간 조정에서 벼슬을 하면서 타고난 인격이 우뚝해 무슨 일을 만나더라도 조금도 두려움이나 굽힘이 없었다"라면서 "하지만 이제는 다 그만"이라고 슬픔을 감추지 못했다.

1 작자 미상, 〈전(傳)구인후 초상〉 부분
17세기, 전체 183.5×97㎝, 삼베에 채색,
국립중앙박물관

2 작자 미상, 〈윤집 초상〉 부분
19세기, 전체 153.6×91.8㎝, 비단에 채색,
국립중앙박물관

3 작자 미상, 〈장만 영정〉 부분
(경기도유형문화재 제142호.), 17세기,
전체 246×113㎝, 비단에 채색,
경기도박물관(인동장씨 태상경공파 기탁)

조선 초상화에는 곰보 자국도 놓치지 않고 세밀히 묘사돼 있다. 천연두는 종두법이 개발되기 전 호환보다 무서웠다. 천연두가 휩쓸고 지나간 마을에서는 살아남은 자가 드물었고 운 좋게 목숨을 부지하더라도 낙인처럼 평생 얼굴에 흉한 곰보 자국을 갖고 살아야 했다. 《삼국사기》에 신라 선덕왕과 문성왕이 천연두를 앓았다는 기록이 있고, 《조선왕조실록》에는 50여 차례 천연두가 언급돼 있을 만큼 천연두는 흔하고 두려운 질병으로 인식됐다.

무장으로 인조반정에 참여하고 병자호란 때 군사 3000명을 거느리고 남한산성에 들어가 왕을 호위했던 구인후(1578~1658)의 초상화에서도 얼굴의 마맛자국을 확인할 수 있다. 이인좌의 난을 진압한 공로로 우의정에 발탁됐던 오명항(1673~1728, 329쪽 참조)도 검은 낯빛에 역시 심한 곰보였다. 얼굴에 천연두 자국이 있던 유명인사로는 김정희, 이서구, 김육, 서유구 등을 꼽을 수 있다.

왜란과 이괄의 난, 호란으로 내우외환의 위기를 겪은 선조, 광해군에서 인조대에 이르는 시기에 관찰사와 병조판서 등 국방 관련 주요 직책을 두루 거치면서 탁월한 실무능력을 보였던 장만(1566~1629)은 특이하게도 '안대' 차림을 하고 있다. 그는 이괄의 난 때 병든 상태인데도 몸을 돌보지 않은 채 밖에서만 지내다가 왼쪽 눈을 잃었다. 양쪽 눈을 다 그릴 수도 있고, 다르게 표현할 수도 있었지만, 굳이 한쪽 눈을 가린 채로 그렸다.

1926년《조선명현초상화사진첩》에 실린 김유신상像

우리 역사에서 불패 신화의 충무공 이순신과 비교가 될 만한 전쟁영웅을 꼽자면 단연 신라 김유신(595~673) 장군일 것이다. 김유신은 평생을 전쟁터에서 보냈으며 또한 대부분 전투를 승리로 이끌었던 명장 중 명장이다. 신라는 삼국 중 최약소국이었다. 그가 없었다면 신라의 삼국통일은 애초 불가능한 일이었다. 그는 신라 26대 진평왕 17년에 태어나 79세까지 살고 자신의 조카인 30대 신라왕 문무왕 13년에 사망했다. 김유신은 살아서는 나라의 최고 귀족으로 대우받았고 죽어서는 왕으로 추존됐다.

김유신의 증조부는 532년(법흥왕 19) 신라에 투항한 금관가야의 구해왕仇衡王이다. 그의 집안은 진골로 편입됐지만, 그들에겐 가야인이라는 꼬리표가 늘 따라다녔다. 아버지 김서현은 지증왕의 증손녀이자 진흥왕의 조카인 만명과 눈이 맞았으나 그 집안의 극심한 반대에 부딪히자 만노군萬弩郡(충북 진천)으로 함께 도망가 그곳에서 김유신을 낳았다. 지금의 진천 길상산吉祥山은 김유신의 태를 안치했다고 해서 태령산胎靈山으로 불리기도 했으며 신라 때부터 김유신사祠를 세워 봄, 가을로 국가에서 제사를 지내게 했다.

가문을 일으키려는 욕구가 강렬했던 김유신이 신라의 토착 귀족들 틈에서 인정받는 유일한 길은 전쟁에 나가 공을 세우는 것뿐

작자 미상, 〈흥무왕 김유신〉
1926년 발간 《조선명현초상화사진첩》 수록

이었다. 《삼국사기》〈김유신전〉에 기록된 김유신의 첫 전투는 그
가 35세이던 629년의 낭비성娘臂城(충북 청주) 싸움이다. 신라군은
고구려 낭비성을 공격했지만 1차 접전에서 패배해 전의를 상실했
다. 그러나 그때 김유신이 세 차례나 단신으로 적진에 뛰어들어 적
장의 머리, 적의 깃발을 갖고 돌아왔고 사기를 회복한 신라군은 전
투에서 크게 이겼다. 644년 9월 50세의 나이로 백제 원정군의 최

고 지휘관이 된 김유신은 전략상 요충인 가혜성加兮城, 성열성省熱城, 동화성同火城 등 7개 성을 점령했다. 이듬해 정월에는 원정에서 돌아오자마자 백제가 매리포성買利浦城(경남 거창)에 침입했다는 급보를 받고 가족도 만나지 않은 채 다시 출전해 승리했다.

647년 상대등 비담의 반란이 일어나 선덕여왕이 죽는다. 이에 김유신이 반란군을 진압하고 9족을 멸했다고 《삼국사기》〈김유신전〉은 기술한다. 진덕여왕이 즉위한 뒤 백제가 다시 대대적인 공세를 펴지만, 또다시 김유신에게 대패한다. 그의 명성은 중국에까지 알려졌다. 648년 김춘추가 당나라에 가서 군사를 요청하자 태종 이세민은 "그대 나라 유신의 명성을 들었다. 그 사람됨이 어떠한가"라며 관심을 보일 정도였다.

김유신의 파워는 왕을 결정할 만큼 성장해 있었다. 654년 진덕여왕이 죽자 귀족들은 상대등 알천을 왕으로 추천했으나 김유신은 누이동생의 남편인 김춘추를 왕좌에 올렸다. 《삼국사기》는 이를 두고 "유신이 알천과 상의해 태종무열왕을 즉위시켰다"라고 쓰고 있다.

김유신은 660년 1월 최고관직인 상대등 자리에 올랐고 그해 군사를 직접 이끌고 백제를 쳐들어가 멸했다. 이듬해 6월에는 고구려 원정에도 나섰다. 663년에는 백제 부흥을 꾀하는 백제 유민과 그들을 지원하는 왜의 연합세력과 맞붙은 백강전투에서 크게 승리했다. 하지만 늙고 병든 노병은 더이상 전투에 참여할 수 없었다. 나당연합군이 고구려를 멸망시킨 668년 그는 신라군의 총사령관인 대총관_{大摠管}에 임명되지만, 풍병에 걸려 원정을 떠나지 못했다. 대신 병든 몸을 이끌고 신라 국내 통치를 담당했다. 고구려를 평정한 직후 그는 역대 가장 높은 벼슬인 태대서발한_{太大舒發翰}이라는 벼슬에 제수됐다. 비록 전쟁에 나갈 수는 없었지만, 당나라를 물리치는 데도 그는 중추적인 역할을 했다.

김유신이 죽은 지 2년 뒤 신라는 매초성_{買肖城}에 주둔한 당나라 장수 이근행의 20만 대군을 격파해 당군에 치명타를 입힌 데 이어 기벌포_{伎伐浦}(장항)에서 설인귀의 부대를 물리쳐 5년에 걸친 당과의 싸움을 끝내고 마침내 한반도 통일을 이룩한다. 42대 흥덕왕(재위 826~836)은 김유신을 '흥무대왕_{興武大王}'으로 추봉했다. 신라의 왕이 아닌 자가 대왕의 호칭을 얻은 일은 전무후무하다.

"신라에서 유신을 대우한 것을 보면 친근하여 서로 막힘이 없었으며 나랏일을 위임하여 의심하지 않았다. 또 그의 계획은 시행되었고 그의 말을 들어주어 그의 말이 쓰이지 않음을 원망하지 않게 했으니 임금과 신하가 잘 만났다고 할 수 있겠다. 이 때문에 유신은 그의 뜻대로 일을 행하여 당나라와 계책을 같이 하여 삼토_{三土}를 통합하여서 한 집안을 만들고 공명으로써 한평생을 마칠 수 있었다."《삼국사기》에 쓰인 기록이다.

지금까지 김유신의 초상은 존재하지 않는 것으로 알려져 왔다. 하지만 놀랍게도 일제강점기인 1926년 경성 서촌 활판소가 발간한《조선명현초상화사진첩》에 그의 영정이 수록돼 있다. 책에는 성리학을 도입한 안향, 절의의 상징 포은 정몽주, 청백리 황희, 생육신의 한 사람인 김시습 등 총 78명의 초상화가 실려 있다. 김유신초상은 전신상이며 영정 밑에 출판사가 '흥무왕 김유신'이라고 표시해 놓았다. 책 뒤편에는 영정을 설명하고 있으며 그 내용은 다음과 같다.

"김유신은 왕경인王景仁(신라시대 수도인 경주에 사는사람)이니 가야국 시조 수로왕의 12세손이다. 수로왕이 소호금천少昊金天(중국의 건국시대 통치자인 삼황오제 중 한 명이자 헌원황제의 아들)씨의 후예라고 자청해 성을 김이라고 하였다. 유신의 아버지 서현은 벼슬이 안무제군사安撫諸軍事에 이르렀으며 갈문왕의 아들 숙흘종肅訖宗의 딸을 사통해 유신을 낳았다. 유신은 어려서부터 크게 재능이 뛰어나고 지략이 원대하였다. 후일 당과 수교해 무덕無德한 백제와 고구려를 토벌하고 신라의 천하 통일을 이뤄 재상에 올랐으며 흥덕왕 때에는 흥무왕에 추증되었다."

《조선명현초상화사진첩》에 실린 김유신 영정의 인물 묘사는 비교적 현실감이 있으며 그림 바탕에는 애초 초상화에 적혀 있었을 '흥무왕 영정'이라는 글자도 희미하게 보인다. 더불어 책에 실린 다른 초상화들은 모두 진본을 인쇄한 것이므로 김유신 영정 또한 진본일 가능성이 크다. 과연 이 그림이 김유신의 진본 초상화일까.

원효대사와 요석공주
설화는 허구일까

귀족의 전유물이던 불교를 대중화해 신라 불교를 반석에 올려놓은 인물이자 한국 지성사에서 돋보이는 대학자인 원효(617~686) 하면 사람들은 '요석공주와의 로맨스'를 가장 먼저 떠올릴 것이다. 백성들의 삶 속에서 참수행의 길을 찾으려고 했던 원효는 저잣거리를 떠돌며 "누가 자루 없는 도끼를 빌려준다면 내 기필코 하늘을 떠받칠 기둥을 베어올 것을"이라고 노래했다.

이 노래를 들은 태종무열왕(재위 654~660)은 자루 없는 도끼가 과부를, 하늘을 떠받들 기둥은 현인을 뜻한다는 것을 간파하고 자신의 딸이자 과부였던 요석공주와 맺어주려 마음먹는다. 태종무열왕이 원효를 대령하라 명했고 그는 남산에서 내려왔다. 원효는 요석궁 앞 문천교에 도달하자 갑자기 물에 뛰어들어 옷을 적셨다. 그리고 옷 말리는 것을 핑계로 요석궁에 가 그곳에 머물렀으며 공주는 곧 임신해 설총을 낳게 된다.

원효는 경산 압량에서 출생했다. 그의 아버지 담내는 신라 16관등 중 11위인 나마奈麻였고, 신분은 6두품이었다. 반면 요석공주는 진골이다. 따라서 이들의 이야기는 신분을 뛰어넘는 사랑으로 오랜 세월 동안 회자되어 왔다.

태종무열왕은 왜 자신의 딸을 원효와 만나게 했을까, 원효는 또

● 작자 미상, 〈원효 초상〉

15세기 추정, 102.1 × 52.6㎝, 고잔지

무슨 이유로 요석공주를 받아들였을까. 태종무열왕은 대야성을 백제에 내준 뒤에 신라 백성들을 통합해 국운을 다시 세울 수 있는 정신적 지도자가 필요했을 것이다. 요석공주는 이미 원효의 설법을 듣고 그 학식과 인품을 깊이 흠모하고 있었기에 아버지의 뜻을 따르지 않을 이유가 없었다.

그러면 원효는 왜 계율을 범했던 걸까. 15~16세 때 출가하여 수행에 몰두하던 원효는 34세 되던 650년 의상(625~702)과 함께 삼장법사 현장(600~664)의 신학문을 배우기 위해 육로를 통해 당나라 유학을 간다. 원효 일행은 그러나 고구려와 당나라 국경에 이르러 간첩으로 오인당하여 수십 일 동안 갇혀 있다가 간신히 신라로 살아 돌아왔다.

비록 중도에 유학을 포기할 수밖에 없었지만, 원효는 인생에서 큰 전환점을 맞는다. 일각에서는 그가 중국으로 가는 길에 명망 높던 고구려 승려 보덕을 만났을 가능성을 제기한다. 보덕은《열반경涅槃經》과《유마경維摩經》의 최고 권위자였다.《열반경》은 불교의 참다운 교리는 오직 하나이며 이에 의해서 모든 사람이 고루 성불할 수 있다는 일승사상—乘思想을 핵심적으로 표현한 경전이다.《유마경》은 교리가 아닌 대중교화를 설법한 경전이다.《유마경》은 특히 원효에게 큰 울림을 줬다.

원효가 요석공주를 만난 시기는 태종무열왕 재위 때이므로 그의 나이 37세에서 43세에 해당하는 시기다. 일반 백성들도 교화를 통해 성불할 수 있다는 사상에 심취한 그는 교리와 종파만 고집하며 백성들을 멀리하는 기성 불교에 크게 실망하고 있었다.

원효와 요석공주의 만남은 세속을 떠났던 그가 다시 세속의 거리로 돌아오려는 강렬한 몸짓이었다. 하지만 그의 대중교화 사상은 채 무르익기 전이었다. 원효는 요석공주와의 일을 두고 크게 번뇌했다. 그는 〈대승육정참회大乘六情懺悔〉라는 시를 통해 자신이 "남녀의 상相을 지어 오래도록 고해에 빠졌다"라고 고백한다.

요석공주가 설총을 임신하고 난 후 그들 사랑은 더욱 애잔해진다. 원효가 요석궁에 머문 것은 단 사흘이다. 원효는 요석궁을 떠나 자신의 고향인 경산 압량에 직접 세운 반룡사에 들어간다. 원효를 찾은 만삭의 요석공주는 남편을 만나지 못하고 절에서 멀지 않은 삼성산 자락의 경산시 유곡동 한 민가에서 설총을 출산한다. 원효가 소요산에 머물면서 수행에 전념할 때에도 요석공주는 아들 설총을 데리고 찾아갔다. 공주는 남편을 만나는 대신 산 아래에 별궁을 짓고 아침저녁으로 원효가 수도하는 원효대를 향해서 아들과 함께 예배를 올렸다고 한다. 둘은 끝내 함께하지 못했다. 그런데 이 구슬픈 사랑 얘기는 역사적 사실이 아니라는 주장이 꾸준히 제기되어왔다.《삼국유사》는《향전》이라는 책을 인용하면서 원효와 요석공주의 로맨스를 소개하고 있지만,《삼국유사》를 지은 일연 스스로 기이한 일이라면서《향전》의 내용을 부정했다. 원효에 관한 가장 정확한 자료로 꼽히는 서당화상비誓幢和上碑와《송고승전宋高

僧傳》에도 요석공주에 대한 언급이 전혀 없다. 서당화상비는 원효의 손자 설중업이 9세기 초 원효를 추모하기 위해 건립한 비석이다. 원효의 세속 이름은 설서당薛誓幢이었다.《송고승전》은 988년 중국 송나라 승려인 찬녕贊寧(919~1002)이 저술한 중국과 한국의 고승 전기이다.《삼국사기》〈설총전〉에도 설총의 어머니가 공주였다는 기록은 없다.

당대 신라에서는 진골과 6두품의 결혼은 원천 봉쇄돼 있었다. 원효의 부인이 공주인 것이 그처럼 위대한 사람의 신화에 더 어울린다는 취지에서 이런 설화가 지어졌으며 일연은 그러한 설화를 자신의 책에 반영한 것뿐이라는 해석이 많다.

원효 하면 요석공주 설화와 함께 해골물 설화도 유명하다. 원효는 비교적 늦은 나이인 45세 되던 661년 재차 당나라 유학길을 떠난다. 이번에도 역시 의상과 함께였다. 가는 도중 어두운 밤에 비를 만나 움막에서 하룻밤을 지냈다. 잠결에 목이 말라 바가지에 담긴 물을 달게 마셨는데 아침에 일어나 보니 움막은 무덤이고 물은 해골바가지에 담긴 썩은 물이었다. 급히 토하던 원효는 '모든 것은 마음에 달렸다'는 일체유심조一切唯心造의 뜻을 크게 깨닫고 유학을 포기한다. 진성여왕 4년(890) 세워진 월광사 원랑선사月光寺 圓朗禪師 탑비에 따르면 원효가 득도한 곳은 직산稷山, 즉 지금의 충남 천안이다. 이 사건을 계기로 그는 계율을 벗어 던지고 본격적으로 저잣거리 백성의 삶 속으로 뛰어든다. 그는 시정잡배들과 어울렸고 노래

● 원효대사가 가장 오래 거처하면서 화엄경소 등 여러 경전의 저술활동을 했던 경주 분황사.

하고 춤추며 천촌만락을 다니며 대중을 교화했다. 거리의 아이들이나 부인들까지도 원효를 모르는 이가 없을 정도였다. 자유롭게 교화 활동을 했지만, 학문 연구에도 몰두했다.

원효는 100여 부 240여 권에 달하는 엄청난 분량의 책을 남겼는데, 한국 불교사에서 이를 능가하는 저술가는 찾기 어렵다. 그의 저서에는 왕실 중심의 귀족화된 불교 이론을 민중불교로 바꾸고, 종파주의적인 방향으로 달리던 불교 이론을 고차원적인 관점에서

서로 연결하고자 했던 원효의 세계관이 담겼다. 그의 저서는 중국 및 일본에 전해져 많은 영향을 끼쳤으며 높게 평가되었다. 불교의 서로 다른 이론을 10문으로 분류해 정리한《십문화쟁론十門和諍論》은 번역돼 인도에까지 유포됐고《금강삼매경론金剛三昧經論》(금강삼매경의 주석서)은 신라는 물론 중국, 일본에서도 찬양받았다. 원효의 저서 는 특히 일본에 많이 전해져 오랜 세월 유통되며 일본 불교에 지대 한 영향력을 행사했다.

원효는 대중적 인기나 뛰어난 학문 능력으로도 유명했지만, 불 교계에서 '만인의 적'으로 통하기도 했다.《송고승전》은 "진리의 성 을 용감하게 공격하고 문진文陣에서 종횡무진 당당히 분투해서 나 아갈 뿐 물러서는 일이 없었다. 삼학三學에 두루 통하여 그 나라에 서는 만인지적萬人之敵이라고 했다"고 기술했다. 원효의 삶은 많은 사람에게 감명을 주었고, 예술가에게도 영감을 불러일으켜 조각 상과 그림의 소재가 됐다. 그를 상으로 만들고 그리는 행위는 그가 입적한 이후 지금까지도 꾸준히 이어지고 있다. 그의 첫 번째 진영 은 아들 설총에 의해 만들어졌다.

원효는 70세로 혈사穴寺(경주 인근으로 추정)에서 입적했다. 설총은 이후 아버지의 유골을 빻아 소상塑像을 만들어 분황사에 봉안했다. 이 소상은 대각국사의천(1055~1101)이 〈제분황사효성문祭芬皇寺曉星文〉 을 지을 때는 물론 일연이《삼국유사》를 집필하기 위해 분황사를 들렀을 때도 존재했다. 원효의 손자 설중업도 대사의 모습을 한 소

작자 미상, 〈의상 초상〉 부분
15세기 추정, 고잔지

상을 만들어 고선사高仙寺에 모셨다고 한다. 흥륜사興輪寺 금당에 신
라 10대 성인 의상을 봉안할 때 원효의 상도 포함했다. 그러나 이
러한 소상은 현재 남아있지 않다.

　원효는 고려 시대 의천의 노력으로 1101년 화쟁국사和諍國師란
시호로 추증된다. 이후 원효에 대한 현창 사업이 활발히 벌어져 원
효의 진영이 널리 조성됐다. 이러한 사실은 김부식(1075~1151)의
《화쟁국사영찬和諍國師影讚》이나 이규보(1168~1241)의 《소성거사영찬

小性居士影讚》등 고려 시대 문인들의 글에서 짐작할 수 있다. 이 시대 제작된 진영도 모두 사라지고 없다. 국내 현존하는 원효 초상화는 모두 19세기와 20세기에 그려졌으며 원효의 원래 모습과는 거리가 먼 상상화이다. 흥미롭게도 바다 건너 일본 고잔지高山寺에 가장 오래된 원효 초상화가 소장돼 있다. 고잔지는 1206년 묘에明惠(1173~1232)가 창건한 사찰인데, 그는 원효와 의상을 매우 흠모하여 원효대사와 의상 대사의 구도행을 글과 그림으로 묘사한 '화엄종조사회전華嚴宗祖師繪傳'을 조성했다. 이 절에 원효와 의상의 진영도 함께 전해지고 있다.

이들 진영은 이모본으로 추측되며 일본 화승이 우리나라에 와서 베껴간 것인지 우리나라 화가가 그린 것인지는 확실치 않다. 하지만 초상화 양식이 일본풍이 아니라 우리나라 양식을 그대로 따르고 있어 원본에 충실했다는 점만은 분명하다.

원효의 진영은 족좌에 신발을 벗어놓은 것이 고식古式이며 더부룩한 수염과 검은 피부의 담대한 인상은 원효의 파격적인 행적과 걸맞아 대사의 참모습을 보는 듯한 감동을 일으킨다. 우리나라 화엄종의 시조인 진골 출신 의상 영정이 살이 풍부하고 귀족적인 풍모로 그려진 것과 대비된다.

초상화 다르게 읽기

●

모자와 배만 봐도
시대를 알 수 있다

종이와 비단에 그렸던 초상화는 세월이 지나면서 쉽게 훼손돼 원본이 남아있는 경우는 매우 드물다. 현전하는 초상화는 대부분 원본을 본떠 그린 '이모본移摹本'이다. 그것도 여러 차례에 걸쳐 다시 그려진 것이 대부분이다. 그래서 초상화가 실존 인물을 그렸는지 확인하려면 최초 제작 시기를 파악하는 게 중요하다. 그림 위에 쓰인 찬문, 촌평 등에 그러한 내용이 포함돼 있기도 하지만 복식이나 얼굴 표현 형식도 중요한 단서가 된다.

많은 수의 초상화는 어진화사가 공신들에게 그려준 것이다. 따라서 그만큼 관복 차림이 많다. 관복의 배 부분에 부착했던 '흉배胸背'는 초상화 주인공의 성격과 제작 시기를 판단하는 핵심 열쇠다. 흉배는 단종 2년(1454) 12월에 문·무관 3품 이상 관복에 처음 붙이기 시작했다. 이전에는 고려 시대 복식제도를 물려받아 흉배를 달지 않았다. 문관은 주로 학자의 이미지를 담은 운학문雲鶴紋 흉배를 착용했으며 무관은 무를 상징하는 호랑이와 해치 문양을 착용했다.

'세조의 위징(당나라의 공신)'으로 불렸던 신숙주(1417~1475), 이시애의 난을 평정한 장말손(1431~1486), 중종반정의 주역 유순정(1459~1512) 등 15세기 인물들의 초상화를 보면 흉배 전체가 금색으로 되어 있다. 이후 시대의 오색으로 화려하게 수놓은 흉배와는

무관들의 '해치' 흉배 ●

조선후기 문신들의 ●
'쌍학문' 흉배

확연히 구분된다.

　옥중의 이순신을 죽음에서 구한 정탁(1526~1605)과 인조반정에
참여했던 이시방(1594~1660) 등 17세기 제작 초상화에는 기러기
와 모란 및 구름 문양이 배합된 운안雲雁 흉배가 부착돼 있다. 시조
〈동창이 밝았느냐〉의 작가 남구만(1629~1711), 조선 후기 문신인

남유용(1698~1773), 이정보(1693~1766) 등 18세기 초상화에서는 쌍학문 흉배를 가장 많이 볼 수 있으며 실의 느낌까지 살려낼 만큼 표현이 섬세하기 이를 데 없다. 흉배 제도는 영조대에 일시적으로 문란해진다. 자신의 품계보다 높은 품계의 흉배를 다는가 하면, 무관이 운학문 흉배를 붙이는 일이 비일비재했다. 이에 영조는 격에 맞지 않은 흉배 착용을 엄격히 금지했다.

조선 시대 백관의 평상복에 썼던 '사모'도 시대별로 다양하게 변화했다. 따라서 사모 역시 초상화 시대를 구분하는 잣대로 활용된다. 사모는 중국의 관모인 '복두'에서 유래한다. 복두는 각이 지고 위가 평평한 반면, 사모는 곡선으로 둥글다. 사모는 고려말 우왕 때부터 쓰이기 시작했으며, 조선 태종 때 관리의 근무복이 됐다가 한 말까지 사용됐다.

사모 형태는 조선 전기에는 대우(관모의 몸체 부분)가 낮고 대우 옆에 붙이는 흑각黑脚(뿔)은 내려뜨렸다. 중기에는 대우가 높아지며 뿔은 폭이 넓어지면서 옆으로 퍼졌다. 후기에는 대우가 더욱 높아지는 대신 폭은 줄어 뾰족하게 솟은 형태로 변모한다. 말기에 들면 대우가 조선 전기 모양으로 다시 낮아지고 뿔은 길이가 짧아지고 앞으로 굽어진다.

고려 말의 충신 정몽주(1337~1392), 유학자 이색(1328~ 1396), 명재상 황희(1363~1452) 등의 초상화에서는 대우가 낮고 폭이 좁은 뿔이 밑으로 처져 있는 관모를 볼 수 있다. 선조 때 대북파 영수였던

1 고려 후기의 특징이 드러나는 〈이색 초상〉 관모
국립중앙박물관
2 조선 중기의 특징이 드러나는 〈정탁 초상〉 관모
청주정씨 약포종택

이산해(1539~1609), 조선의 대표적 청백리 이원익(1547~1634), 임진
왜란 3대 대첩 중 하나인 행주대첩에 참여해 전투 현장에서 실질
적으로 조선군을 지휘했던 조경(1541~1609)의 초상화에서는 몸체가
크고 넓은 조선 중기의 전형적인 관모를 확인할 수 있다.

　세종대 뇌물 스캔들에 휩쓸렸던 조말생(1370~1447)은 고려말 조
선초 사람이지만 대우가 조선 중기의 형태를 취하고 있는 것으로
미뤄 그의 생전에 제작된 원본을 바탕으로 조선 중기에 덧그려졌
음을 짐작할 수 있다. 얼굴 표현도 시기별로 큰 차이를 보인다. 초
기에는 맑고 담담한 묘사에 주력했으며 17세기부터 입체감을 더하

● 작자 미상, 〈전 조말생 초상〉
17세기, 179.1 × 104.8cm, 비단에 채색,
국립중앙박물관

려는 노력이 시도된다.

서양화법이 본격적으로 도입되는 18세기 중반 이후 초상화 제
작 기법은 절정에 이른다. 강약의 잔 붓질을 수없이 반복해 얼굴
윤곽의 사실성을 극대화하며 깊은 정신세계를 강조하기 위해 금색
물감 등으로 눈빛의 형형함을 만들었다. 화원 이명기와 김홍도의

작자 미상, 〈이원익 초상〉 부분
16세기, 전체 198.5 × 91.5㎝, 종이에 채색,
국립중앙박물관

공동작인 서직수 초상, 작자 미상의 이재 초상, 이재관이 그린 강
이오 초상이 이 시기를 대표하는 걸작 초상화들이다.

4부

조선의
아웃사이더

넘치는 용력으로 수천 왜군의
목을 벴던 내시

내시 하면 수염 없는 민얼굴에 구부정한 허리, 가늘고 중성적인 목소리가 먼저 떠오른다. 후한은 십상시十常侍, 즉 10명의 환관(내시)이 조정을 농락해 멸망했다. 이에 조선은 내시의 권력화를 경계해 그 소임을 크게 제한한다. 《경국대전》은 내시의 임무를 "궁궐 안의 음식물을 감독하고 왕명을 전달하고 궐문을 수직守直하고 청소하는 임무를 담당한다"라고 못 박았다. 따라서 그들이 직접 정치에 참여하는 것은 원천적으로 차단됐다. 내시는 차관급인 상선(종2품)까지 있었지만, 품계의 고하를 막론하고 잡무만 수행할 수 있었다. 그들에게 부과된 의무는 적잖았다. 관리로서 자질향상을 위해 사서, 소학, 삼강행실 등의 공부는 게을리할 수 없었고 매달 시험도 치러야 했다.

우리가 잘 알고 있듯이 거세자만이 내시로 임명될 자격이 있었다. 왕의 측근으로서 궐내의 여러 비빈과 수많은 궁녀와 함께 상주해야 했기 때문이다. 내시들은 선천적으로 고자가 된 자들이 많았지만, 가난을 못 이겨 스스로 거세한 자들도 더러 있었다. 내시들은 성적으로는 불구였지만 대궐을 은퇴한 후에는 번듯한 가정을 꾸렸다. 내시들은 신분 상승을 꾀하는 평민이나 가난한 양반가의 딸을 데려와 부인으로 들였으며 거세된 아이들을 양자로 삼았다.

● 엘리자베스 키스, 〈내시〉
old Korea(1919), 국립민속박물관

《경국대전》은 내시가 3세 이전의 고자 아이를 데려올 수 있다고 쓰고 있다. 따라서 4~5명에 이르는 많은 자식을 거느리는 내시도 있었다고 기록은 전한다. 이러한 내시 제도는 1894년(고종 31) 갑오개혁 때 완전폐지된다.

임진왜란이 종료되고 6년 후인 1604년(선조 37) 6월 25일, 임금 선조는 전례 없는 규모의 공신 명단을 발표한다. 서울에서 의주까지 왕을 호종한 호성공신扈聖功臣, 왜군을 무찌르거나 명나라에 구원병과 군량을 주청한 선무공신宣武功臣, 전쟁 중 발생한 이몽학의 난을 평정한 청난공신淸難功臣을 선정하고 명칭별로 3등급으로 나눠 공신 칭호를 내린 것이다. 그 숫자가 호성공신 86명, 선무공신 18명, 청난공신 5명 등 무려 109명에 달했다.

선조는 일본의 침략 조짐을 간과해 전대미문의 국난을 자초했을 뿐만 아니라 전쟁이 터진 후에는 백성을 버리고 의주로 도망갔다. 난국을 수습하는 과정에서도 극도의 무능력을 드러내 지도력에 심각한 타격을 입었다. 이에 선조는 대규모 공신 책봉을 통해 상처 난 지도력을 회복하고 국가 기강을 다시 세우려고 시도한 것이다.

하지만 이 같은 호성공신 위주의 공신선발은 많은 논란을 불러왔다. 당시 전투에서 목숨을 내놓고 싸웠던 수많은 무장과 의병들을 공신에서 배제하는 것은 부당하다는 목소리가 조정 내부와 외부에서 쏟아졌다.

실록도 논평을 통해 호성공신이 지나치게 많다는 점을 지적한다. 논평은 "호종신을 80여 명이나 녹훈하고 그 중 중관中官(내시)이 24명이며 미천한 복례僕隸(시종꾼)들이 또 20여 명이나 되었으니 어찌 외람한 일이 아니겠는가. 이몽학의 난에 이르러서는 도적 떼에 지나지 않은 무리를 토벌한 것에 불과한데 공이라 할 수도 없다"라고 강하게 비판했다.

실록의 언급대로 호종공신 명단에는 당시 미천했던 관직인 내시와 의관, 선조의 말을 관리했던 이마理馬 등이 올라있다. 내시가 24명이나 된다는 사실은 매우 놀랍다. 내시부의 전체 인원이 대략 140명 정도였으니, 이는 17%가 넘는 숫자다.

그 면면을 살펴보면 김기문, 최언준, 민희건, 김봉, 김양보, 안언봉, 박충경, 임우, 김응창, 정한기, 박춘성, 김예정, 김수원, 신응서, 신대용, 김새신, 조구수, 양자검, 백응범, 최윤영, 김준영, 정대길, 김계한, 박몽주이다. 이들은 모두 3등급을 받았으므로 3등급 공신에게 주어졌던 특전이 동일하게 지급됐다. 본인과 부모, 처자의 품계와 관작을 한 단계 더 올려줬으며 영정도 그려 후세에 전하도록 했다. 또한 반당(경호 인력) 4인, 노비 7구, 구사(관노비) 2명, 논밭 60결(1결 약 1만㎡), 은돈 5냥, 내구마(왕실에서 기르던 말) 1필도 하사했다.

선조가 내시들을 대거 공신으로 임명하면서 그려준 영정 중 임우와 김새신의 것이 남아있다. 김새신의 묘비석에는 그가 1555년

1 〈임우 초상〉
  울릉군 종중

2 〈김새신 초상〉
  153 × 81.3cm 비단에 채색, 파주 93뮤지엄

(명종10) 태어나 79세인 1633년(인조 11)에 죽었다고 기록돼 있다. 영정은 그가 공신에 봉해지던 1604년 그려진 것이므로 50세 때의 모습을 담고 있는 것으로 추측된다.

김새신의 묘는 서울 은평구 신사동에 소재한다. 신사동 일대에는 나이가 들어 궁에서 나온 내시들이 많이 거주했다. 김새신이 착용하고 있는 오사모(검은 관모)는 조선 중기 선조대의 특징이 잘 반영돼 있다. 이 시기 대우(관모의 몸체 부분)는 높으며 뿔은 폭이 넓고 옆으로 퍼진다. 흉배에는 당상관 문관의 상징인 쌍학이 그려져 있고 전체적인 구도도 동시대 공신상과 큰 차이가 없다. 흔히 내시들은 뿔이 없는 관모를 썼고 흉배도 없는 것으로 드라마에서 묘사되지만, 이 초상화를 보면 잘못된 고증이었음을 확인할 수 있다.

얼굴 부분이 검게 변색 된 것은 백색 안료인 연분鉛粉(납가루)을 사용해서다. 연분은 19세기 후반부터 본격 활용되기 시작한 것으로 알려져 있다. 그림 역시 19세기 후반 이후 원본을 바탕으로 새로 그려졌을 것으로 추측된다. 연분이 원본에 덧씌워졌을 가능성이 전혀 없는 것은 아니다. 김새신의 영정은 현재 파주 헤이리마을 내 93뮤지엄에서 소장하고 있다.

임우의 묘는 경기도 양주시 삼상리에 현전한다. 임우는 1562년(명종 17) 9월 15일에 출생해 70세인 1631년(인조 9)에 사망했다. 그는 임진왜란이 발발하자 일가족과 함께 임금의 어가를 호종했으며 진주대첩 때에는 진주병영에 머물면서 곽재우 장군과 함께 왜군과 싸워 공을 세우기도 했다. 그의 묘비석에도 "용력이 남보다 뛰어나서 육전과 해전에 모두 능한 장사였다. 검을 잡고 남쪽으로 내려가 적의 목을 벤 것이 몇천 명인지 알 수 없다"라고 새겨져 있다. 거세하면 남성호르몬이 차단돼 여성화가 진행되기 마련인데 넘치는 용력으로 수천 왜군의 목을 벴다니 놀라운 일이 아닐 수 없다.

초상화 속 임우의 복장과 전체 형태는 김새신의 영정과 다르지 않다. 그러나 안면 묘사가 단순하고 표현 수준도 낮아 비교적 근래에 새로 제작됐거나 훼손된 원본 또는 이모본 위에 새롭게 덧칠해 그려진 것일 수 있다. 임우 영정은 울진 임씨 울릉군파 종중이 보관하고 있다.

꼴통 노론,
조선 르네상스를 활짝 열다

1722년(경종2) 8월 주청사 전 좌의정 이건명(1663~1722)은 전라도 고흥 나로도에서 조용히 죽음을 기다리고 있었다. 그는 4개월 전 유배형을 받고 남해 끝에 있는 이곳으로 끌려왔다. 자신과 같은 혐의로 귀양 갔던 영의정 김창집(1648~1722), 사촌 형인 좌의정 이이명(1658~1722)이 이미 사사됐던 터라 자신도 목숨을 부지하기 어려울 것으로 짐작했다. 그런데 그의 거처에 들이닥친 금부도사는 사약이 아닌 장도長刀를 들고 있었다. 역적이나 흉악범 등 중죄인들에게 적용되던 참형이 그에게 내려진 것이다.

이건명이 집안 대대로 정승, 판서를 지낸 명문가 출신인 데다 당대 최고 학자였던 점을 고려할 때 참형은 매우 이례적인 결정이었다. 경종 2년 8월 19일 자 실록은 "선전관 이언환, 금부도사 이하영이 흥양興陽(고흥)의 나로도에서 이건명을 처참處斬하는 데 입회하였다"라고 기술한다.

1680년(숙종 6) 서인은 경신대출척으로 남인을 몰아내고 정권을 장악한다. 그리고 서인은 다시 노론과 소론으로 갈라진다. 서인에서 떨어져 나온 노론과 소론의 대립은 서인의 영수 송시열의 문인이었던 윤증이 스승과 절교하고 이들을 추종하는 세력들이 서로 반목하면서 격화됐다. 조선 20대 왕 경종(1688~1724·재위 1720~1724)

과 그의 이복동생 영조(1694~1776·재위 1724~1776)의 즉위 과정에서 양측의 충돌은 파국으로 치닫는다.

숙종은 폐비 장희빈의 자식인 경종보다 연잉군(영조)에 더 마음을 뒀다. 하지만 경종은 세 살 때인 1690년 세자에 책봉된 후로 왕위에 오르기까지 무려 30년간이나 세자였다. 그런 그를 밀어내고 연잉군에게 왕위를 물려 주기에는 많은 무리수가 따랐다. 숙종은 연잉군의 목숨이라도 보장해주고 싶었다. 그리하여 특별히 이건명을 우의정에 발탁하고 연잉군의 보호를 부탁했다. 이건명은 숙종이 승하하자 장례를 총괄하는 총호사를 맡기도 했다.

노론은 당초 남인이 지지했던 경종 대신 숙종의 2번째 왕비 인현왕후를 보필한 숙빈 최씨 소생의 연잉군의 편에 섰다. 경종이 즉위하자 자신들의 지지기반 약화를 걱정한 노론은 후사 문제를 거론하고 나섰다. 경종이 적지 않은 나이인데도 아들이 없고 허약하다는 점이 노론에게 빌미를 제공했다. 이건명을 비롯한 김창집, 이이명, 판중추부사 조태채 등 4명의 노론 대신들은 연잉군을 왕세제로 책봉해 차기 왕으로 삼으려는 계산하에 일을 꾸몄다. 후대는 이 4명의 대신을 '노론사대신'이라고 지칭한다.

노론사대신은 대비 인원왕후(숙종의 3번째 왕비)를 설득해 연잉군을 왕세제에 올리고, 그에게 대리청정을 시키라고 경종을 압박해 결국 왕의 허락을 얻어낸다.

그 사이, 1721년(경종1) 10월 이건명은 왕세제 책봉을 위한 주청

1 〈이건명 초상〉
   종이에 채색. 국립중앙박물관

2 〈이이명 초상〉
   종이에 채색. 국립중앙박물관

사를 자청해 청나라에 간다. 애초 영의정 김창집이 가기로 돼 있
었지만, 이건명은 "영상이 사신으로 가는 것은 부당하다"며 다음
서열인 자신이 가게 해달라고 주청한 끝에 경종의 윤허를 받아낸
다. 청나라에 간 이건명은 호락호락하지 않은 청나라를 설득하는
데 애를 먹는다. 그러자 그는 경종이 여자를 가까이하지 못하는
병이 있다고 거짓을 발설했다. 다음은 수정 《경종실록》의 기록이
다. "경종이 왕세제를 세우기 위해 이건명을 파견하여 고명을 내
려줄 것을 청하였으나 예부(청나라)에서 허락하지 않았다. 이건명

3 〈조태채 초상〉
　종이에 채색. 국립중앙박물관

4 〈김창집 초상〉
　국보 제325호 (기해기사계첩),
　52 × 36cm, 종이에 채색, 국립중앙박물관

은 청의 벼슬아치인 마제馬齊에게 접근해 매우 간절히 청했고, 마
침내 마제가 내용을 갖추어 황제에게 아뢰니 드디어 허락하게 되
었다."

　궁내에서는 왕세제가 대리청정을 시작한 것으로 모자라 차제에
경종이 상왕으로 물러나야 한다는 여론까지 형성된다. 노론이 정
국의 흐름을 장악하게 되자 소론이 본격적으로 반격을 시작했다.
우의정 조태구(1660~1723)와 호조참판 이광좌(1674~1740), 좌참찬
최석항(1654~1724), 전 부제학 유봉휘(1659~1727) 등 소론 인사들이

일제히 들고일어나 대리청정을 무산시켰다. 이 4명의 소론 대신들을 '소론사대신'으로 지칭하기도 한다. 특이하게도 소론의 영수 격인 조태구는 노론사대신의 한 명인 조태채의 사촌 형이다. 한집안에서 노선을 달리해 치고받고 싸웠던 것이다. 이어 강경 소론 인사인 전 승지 김일경(1662~1724)은 임금이 병을 앓고 있지 않은데도 대리청정을 주장하는 것은 나라를 망칠 죄목이라고 몰아세워 노론 주요 인사들을 유배 보내는 데 성공한다.

소론의 결정타는 '목호룡 고변사건'이었다. 1722년(경종2) 3월 서얼 출신의 지관인 목호룡이 이이명의 아들 이기지, 이사명의 아들이자 이이명의 조카인 이희지, 영의정 김창집의 손자 김성행, 숙종의 장인인 김만기의 손자 김민택, 서포 김만중의 손자이자 이이명의 사위인 김용택, 김만기의 손자 김춘택의 사위 이천기 등 노론 명문가 자제들과 함께 경종을 시해하려고 한 모의를 고변한 사건이다.

목호룡은 이들이 숙종의 국상 때 자객을 궁중으로 보내 경종을 죽이거나, 상궁을 매수해 수라에 독약을 넣거나, 숙종의 유언을 위조해 경종을 폐출시키려 했다고 자백했다.

이 일로 노론사대신이 처형되는 등 60여 명이 처벌을 받는 옥사(반역 따위의 크고 중대한 범죄를 다스림)가 벌어졌다. 이것이 '신임사화'로 불리는 정치사건이다. 이이명은 남해도로 귀양 갔다가 서울로 압송돼 4월 사사됐고 김창집은 거제도에서 성주로 이배하여

5월 사약을 받았다. 이건명은 8월 참형으로 죽었고 조태채는 진도로 귀양 갔다가 10월 사사됐다. 노론사대신 중 유독 이건명만 참형되었다.

노론이 작성한 수정《경종실록》의 이건명 졸기는 이건명이 영조의 왕세제 책봉을 받아내어 소론들에게 큰 미움을 샀기에 가장 참혹한 화를 입었다고 서술한다.

조태채도 죽으면서 일화를 남겼다. 사약을 받아든 조태채는 죽기 전 아들을 만나보고 싶다고 금부도사에게 요청했지만 거절당한다. 이에 별안간 분노한 머슴 홍동석이 사약 항아리를 깨트렸다. 금부도사는 처벌받을 것을 두려워해 험한 파도로 배가 요동쳐 사약을 물에 빠트렸다고 왕에게 허위 보고를 하고 불문에 부쳤다고 한다.

목호룡은 고변사건으로 부사공신 3등에 봉해지고 동지중추부사를, 김일경은 이조판서의 벼슬을 받았다. 조태구는 영의정에, 최석항은 좌의정에, 이광좌는 우의정에, 유봉휘는 이조판서에 올라 소론 정권을 수립한다.

그러나 영광도 잠시, 불과 2년 뒤인 1724년에는 영조 즉위와 함께 노론이 재집권하면서 또다시 숙청 바람이 분다. 노론은 상소를 올려 목호룡 고변사건이 무고였다며 김일경과 목호룡을 고발한다. 둘은 붙잡혀 국문을 받았지만, 목호룡은 고문 중 사망하고 김일경은 공모자들을 끝내 불지 않았다. 김일경과 목호룡은 효수(죄인의 목을 베어 높은 곳에 매달아 놓는 형벌)됐다. 소론사 대신들 역시 온건파인 이광좌를 제외하고 유배형에 처했으며, 관작도 추탈했다.

이건명을 비롯한 노론사대신은 관작이 회복되었고 이후 노론에 의해 '충절의 화신'으로 추앙받게 된다. 그런 까닭에 노론사대신의 초상화는 다양한 형태로 제작됐고 그 가운데 다수가 현재까지 온전하게 전해진다. 영조와 정조시대 르네상스 탄생의 실질적 주역인 노론사대신들은 과연 우리 역사 발전에 얼마나 기여했던 걸까.

노비와 중인 출신으로
장군의 자리에 오르다

조선은 양반, 중인, 평민, 천민으로 구분된 엄격한 신분제 사회였다. 부모 중 한 명이 천민이면 자식도 천민으로 내몰렸고 아무리 타고난 재능이 뛰어나도 신분 상승은 원천적으로 불가능했다. 그러나 그러한 사회에서도 운명을 극복하고 밑바닥에서 '명문가'를 일궈낸 불굴의 인물이 전혀 없었던 것은 아니다.

1624년에 일어난 '이괄의 난'을 진압해 진무공신 1등에 오른 정충신(1576~1636) 장군은 전라도 광주 좌수(지방의 자치 기구인 향청의 우두머리)였던 정윤의 아들로 태어났지만, 불행히도 어머니가 노비였다. 어머니의 신분을 따르는 '노비종모법奴婢從母法'에 따라 그도 노비가 됐다. 그의 운명을 바꾼 것은 전쟁이었다.

정충신은 임진왜란이 일어나자 17세 나이로 광주 목사인 권율 휘하에 병졸로 들어갔다. 체격이 왜소한 데다 나이도 어려 직접 전투에 참여하기보다는 적지 정찰과 서신을 전달하는 연락책 임무를 주로 수행했다. 그러나 민첩하고 영리해 권율의 높은 신임을 받았다.

그러던 중 권율의 장계를 갖고 의주에 갔다가 그의 운명을 바꿔줄 백사 이항복을 만난다. 백사는 그의 재주가 남다름을 아깝게 여겨 자신의 집에 머물게 하면서 학문을 가르쳤다. 당시는 유능한

1 작자 미상, 〈정충신 장군 영정〉 부분
   17세기, 전체 74×53㎝, 비단에 채색, 서산 진충사

2 작자 미상, 〈권희학 영정〉 부분
   18세기, 전체 170×103㎝, 비단에 채색,
   개인소장(안동권씨 종가)

장수들이 절대적으로 부족했던 때였다. 백사는 그에게 '충신'이라
는 이름을 지어주고 임금에게 아뢰어 면천을 받게 했다. 정충신은
이항복의 기대를 저버리지 않고 학업에 매진해 병과(3등급 중 3등급)
로 무과에 합격한다. 그는 1602년 명나라를 다녀왔으며 1608년
조산보(함북 경흥) 만호에 임명됐다. 1618년 스승 이항복이 인목대비
폐모론을 반대해 북청으로 유배를 떠나자 그도 동행했지만, 1619년
명나라의 요청으로 출병한 도원수 강홍립이 후금에 대패하자 다

작자 미상, 〈최석정 초상〉
    보물 제1936호, 개인소장

시 등용되었다. 그는 1624년 일어난 이괄의 난을 앞장서 진압해
진무공신 1등에 책록되고 금남군錦南君에 봉해졌다. 1627년 정묘
호란이 일어났을 때는 부원수를 맡았다.

　정충신은 명과 후금 사이에서 정치적 중립을 지켜야 한다는 태
도를 고수했다. 1633년 청나라와 화의를 주장하다가 주전파에 밀
려 당진에 유배됐으며 다시 풀려나 이듬해 포도대장, 경상도병마

절도사를 지냈다. 1636년 3월 결국 조선 조정은 청과 단교하는 사신을 보냈다. 그러던 중 그의 병세는 깊어졌고, 왕이 의관까지 보냈지만 효험을 보지 못하고 그해 5월 사망한다. 그의 말을 따르지 않은 조선은 그해 12월 또다시 대규모 전쟁인 병자호란에 휩쓸린다. 그는 무술에 뛰어났으며 천문, 지리, 의학, 복서에도 밝았다고 전해진다.

이인좌의 난을 평정해 화원군花原君에 오른 권희학(1672~1742)은 중인 신분이었다. 아버지 권명형은 안동부의 향리였다. 조선 시대 향리는 과거를 볼 수 없었고 한 푼의 급여도 없이 자자손손 향역을 세습해야 했다. 권명형의 둘째 아들로 태어난 권희학은 매우 총명해 주위의 기대를 한 몸에 받았지만 향리 집안의 숙명을 받아들여 10대부터 향역에 종사했다.

그러던 어느 날 정충신처럼 그도 자신의 운명을 바꿔줄 일생의 은인을 만나게 된다. 소론의 거두 최석정(1646~1715)이 안동부사로 부임한 것이다. 최석정은 병자호란 때 화친을 내세웠던 최명길의 손자이다. 최석정은 당시 유럽에서도 알려지지 않았던 '9차 직교라틴방진'을 발견한 조선 최고의 수학자이기도 했다. 평소 권희학의 자질을 눈여겨본 최석정은 상경하면서 그를 향역에서 면제시켜 서울로 데리고 왔다. 이때 권희학의 나이 18세였다. 권희학은 최석정의 후광에 힘입어 유수 가문의 자제들과 교유하며 견문을 넓혔고 1697년에는 최석정을 따라 연경(북경)을 다녀 왔다.

그는 무과를 거치지 않았지만, 영조 4년(1724) 발발한 이인좌의 난을 통해 인생의 또 다른 전기를 마련한다. 당시 금위영 교련관이던 그는 총사령관 오명항의 휘하에서 진압군으로 활동해 분무공신 3등에 녹훈되고 아울러 종2품 가의대부로 오름과 동시에 화원군으로 봉해졌다. 초상화와 노비, 토지 등 여러 상을 받기도 했다. 그는 이후 곤양군수, 운산군수, 장연부사 등 여덟 고을의 수령을 거치며 치적을 쌓았다.

그가 벼슬을 그만두고 낙향한 것은 영조 14년 때다. 그리고 4년 뒤인 영조 18년 71세로 죽었다. 사후에는 자헌대부 공조판서 겸 오위도총부도총관에 증직됐다. 권희학은 양반들로부터는 냉대를, 일반 백성들로부터는 원망을 받던 향리에서 일약 일류 양반으로 부상함으로써 조선 후기의 신분변동을 온몸으로 보여줬다.

정충신의 초상화 우측 상단에 '금남군시충무정공유상錦南君諡忠武鄭公遺像'이라고 쓰인 것을 미뤄 시호가 내려진 1685년 8월 11일 이후에 그려진 것임을 알 수 있다. 정충신은 매우 왜소했던 것으로 전해지는데, 초상화에서도 그런 분위기를 감지할 수 있다. 무장이었지만 문신의 풍모를 갖춘 듯 느껴진다. 권희학의 초상도 공신으로 봉해진 뒤 제작된 것으로 추정된다. 얼굴은 수염을 세밀하게 묘사해 그 윤곽을 대신하였으며 눈과 눈썹은 위로 치켜 오르게 해 담대한 무인의 모습을 강조했다.

조선 시대 마이너리티
서얼

'아버지를 아버지라 부르지도 못하고 형을 형이라고 부를 수도 없다.'

조선 시대 서얼庶孽의 처지를 대변하는 말이다. '서'는 양인良人 첩의 자손, '얼'은 천인 첩의 자손을 말한다. 그들은 양반 집안에서 태어나고 성장했지만 엄격한 차별을 받았다. 가정에서도 천하게 여겨져 제 목소리를 낼 수 없었고 재산 상속권도 갖지 못했으며 물론 관직에도 등용되기 어려웠다.

그러나 조선 개국의 1등 공신 정도전은 외할머니가 노비였다. 태종은 정적 정도전을 제거한 후 그에 대한 사무친 원한으로 1514년 서얼금고법을 제정해 서얼의 관직 등용을 제한했다고 전해진다. 성종 때 편찬된 《경국대전》은 서얼이 문과나 생원, 진사시에 응시하지 못하도록 양반 관료의 등용시험인 과거에 응시할 자격을 박탈했다. 그러나 서얼의 수가 늘어나고 그들의 신분 상승 요구가 급증하면서 명종 초인 1550년대부터 양인 첩의 경우 손자부터는 과거를 볼 수 있게 했다. 1777년에는 정조가 서얼들이 관직에 오를 수 있는 길을 넓힌 '정유절목'을 발표하고 규장각에 검서관檢書官 제도를 둬 이덕무, 유득공, 박제가 등 일부 학식 있는 서얼 출신들을 임명했지만, 폐습의 뿌리를 뽑지는 못했다. 차별 대우는

1894년(고종 31) 갑오개혁 때 가서야 완전폐지된다.

서얼들은 '조선의 마이너리티'였으니 그 이름을 후대에 남긴 인물이 매우 드물다. 우리 역사에서 서얼의 대표주자로는 단연 유자광(1439~1512)이 꼽힌다. 서얼 출신으로 최고 권력자 자리에 올랐지만 그만큼 악명도 높았다. 남이를 역모로 몰아 죽이고 '조의제문弔義帝文' 사건으로 촉발된 무오사화를 주도한 유자광에게는 '고변과 음해로 정적을 숙청해 영달한 악인이자 간신'이라는 꼬리표가 따라다녔다. 그는 두 번이나 1등 공신(익대공신, 정국공신)에 책봉되면서 뛰어난 공로를 인정받았다. 그러나 사림 대간臺諫들은 유자광이 관직에 임명될 때마다 단지 그가 서자라는 이유로 강력하게 반대했다. 유자광은 자신의 출세를 가로막는 사람에 깊은 원한을 품었다.

실제 유자광은 몸이 날래고 말타기와 활쏘기를 잘할 뿐 아니라 문장과 학식에도 뛰어났다. 왕실 호위병인 갑사로 벼슬을 시작해 이시애의 난을 진압하는 데 큰 공을 세웠고 그 덕에 정5품 병조정랑에 제수되지만, 사림들은 그를 인정하지 않았다. 그러자 세조는 오히려 유자광을 별시 문과에 응시케 해 장원으로 선발하고 정3품 병조참지에 임명했다.

유자광은 세조뿐만 아니라 역대 왕들의 총애를 한 몸에 받았다. 예종은 세조의 신임을 믿고 자신에게 고분고분하지 않았던 남이를 제거하는 데 앞장서준 유자광을 무척 아꼈다. 성종 역시 대신들의 반대를 굴복시키고 궁궐을 방위하는 금군禁軍의 최고 책임자인 도총관에 유자광을 임명했다. 유자광은 1498년(연산군 4) 사림의 종조宗祖인 김종직의 조의제문이 세조의 왕위 찬탈을 비판하고 있다는 사실을 밝혀내 무오사화를 일으켰다. 그는 1506년 중종반정에도 참여해 반군이 궁궐에 진입할 수 있게 도와 1등 공신에 올랐다. 하지만 결국 조정의 요직을 장악한 사림세력의 탄핵을 받아 유배에 처했고 그곳에서 영욕의 생을 마감했다.

해서와 초서를 잘 써 안평대군, 김구, 한호와 함께 '조선 전기 4대 서예가'로 불리는 양사언(1517~1584)도 서자였다. 문과에 급제해 40년간 벼슬 생활을 했지만, 삼등(평안남도 강동 지역), 함흥, 평창, 강릉, 회양, 안변, 철원 등 고을수령을 전전해야만 했다. 회양 군수 시절 금강산 만폭동 바위에 '봉래풍악원화동천蓬萊楓嶽元化洞天'이라는 글을 새겼는데, 이 글씨는 지금도 남아있다.

그는 또한 시에 능하여 가사 〈미인별곡美人別曲〉과, 을묘왜란 때 군을 따라 전쟁에 나갔다가 〈남정가南征歌〉를 짓기도 했다. "태산이 높다 하되 하늘 아래 뫼이로다. 오르고 또 오르면 못 오를 리 없건마는. 사람이 제 아니 오르고 뫼만 높다 하더라"는 그의 시조 〈태산가泰山歌〉는 지금도 널리 애송된다.

정조대에 이르러 30명에 달하는 서자들을 관료로 임용하면서 서얼이 역사의 전면에 등장한다. 이덕무(1741~1793)는 가난하여 정규 교육을 받지 못했으나 평생 수만 권의 책을 읽어 이름을 떨쳤다. 그는 26세 때 서얼들의 문학 동호회인 백탑시파白塔詩派의 일원

으로 유득공, 박제가, 이서구를 비롯해 홍대용, 박지원, 성대중 등
과 교류했다. 백탑시파는 이들이 백탑(원각사지 10층 석탑) 주변에 거
주했다 해서 붙인 명칭이다. 북학파 상징인 백탑시파 문인들은 서
얼을 차별하지 않았고 지적 능력을 우선시했다. 이덕무는 1779년
39세에 규장각 초대 검서관으로 벼슬길에 올라 1789년 박제가,
백동수와 함께 왕명에 따라 《무예도보통지武藝圖譜通志》를 편찬했다.
이덕무는 중국 청나라 시단에 널리 알려졌다. 그의 친구이자 유득
공의 숙부이기도 한 유련(1741~1788)은 1776년 중국을 방문하면서
이덕무를 비롯한 유득공, 박제가, 이서구 등 4명의 시를 담은 《한
객건연집韓客巾衍集》을 청나라 시인이자 학자로 이름 높았던 이조원
과 반정균에게 소개했다. 1777년 이 책은 청나라에서도 같은 제목
으로 간행됐다. 이 시집에 실린 이덕무의 시는 총 99수로, 자연과
여정, 인물, 송별, 역사에 이르기까지 주제가 실로 매우 다양하다.
2년 뒤 이덕무는 연행단을 따라 중국을 방문해 반정균과 이조원의
동생인 이정원, 기균, 옹방강, 축덕린 등 청조 문인들의 열렬한 환
영을 받는다. 이조원은 이덕무의 시를 가리켜 "네 사람 중에서 가
장 노련하다"고 평했다.

　역시 서자였던 박제가(1750~1805)는 실학자 중 청나라를 가장
많이 다녀온 인물이다. 박제가는 모두 네 차례 중국을 방문했다.
청나라의 문인 기윤과 각별한 관계를 유지했다. 기윤이 조선에서
온 사신을 통해 박제가를 그리워하는 서신을 보내자 정조는 "박제

가는 나라를 빛낼 인재"라며 감탄했다.

박제가의 대표작이라 할 수 있는 《북학의北學議》는 첫 연행길에 올랐던 1778년(정조 2)에 완성됐다. 박제가는 조선이 가난한 것은 무역이 부진한 탓이라 여겼고 보수적인 쇄국 정치에서 벗어나야 한다고 주장했다. 하지만 당시 조선의 현실에서는 그의 주장이 수용되기 어려웠다. 상업적 이익이나 물욕을 경계했던 유학적 가치관에 반하는 것이었기 때문이다. 박제가는 정조가 승하한 뒤인 1801년 노론 벽파의 미움을 받아 유배형에 처했고 4년 뒤 56세를 일기로 생을 마감했다.

그는 연행을 통해 중국의 명사들과 광범위하게 교류했다. 박제가의 셋째 아들인 박장암이 박제가가 중국 문인과 교유한 시와 편지를 엮어 《호저집縞紵集》을 펴냈는데 여기에 등장하는 중국 인사만 해도 172명이다. 청나라 화가 나빙羅聘이 조선의 박제가와 중국 반정균의 만남을 기념하며 쓴 글을 보면 청나라 문인들이 그를 얼마나 흠모했는지 잘 알 수 있다.

相對三千里外人 欣逢佳士寫來眞 (상대삼천리외인 흔봉가사사래진)
愛君丰韻將何比 知是梅花化作身 (애군봉운장하비 지시매화화작신)

삼천리 밖 사람과 마주하고, 선비의 만남을 반기며 그 모습 적어보네. 그대의 멋스러움 무엇에 비할까, 알고 보니 매화의 화신이시네.

나빙, 〈박제가 초상〉 부분
1790년

　나빙은 이 글과 함께 박제가의 초상화를 남겼다. 박제가는 작은 키에 박력 있고 자기주장이 강했다고 전해지는데, 그림에서도 그러한 풍모가 느껴진다.

　이인상(1710~1760)은 명문가 출신이었지만 증조부가 서자였기에 서얼 신분을 벗어날 수 없었다. 하지만 학문 연마에 힘쓰며 명문가 후손다운 자존심과 자부심을 항상 간직했다. 이인상은 1736년 진사시에 급제한 후 1739년부터 관직 생활을 시작해 외직을 돌았다.

1 작자 미상, 〈이인상 초상〉
  18세기, 51.1×32.7㎝, 종이에 엷은 채색, 국립중앙박물관
2 이인상, 〈소나무와 선인〉(검선도)
  18세기, 96.7×61.8㎝, 종이에 엷은 채색, 국립중앙박물관

꼿꼿한 성격에 은거자의 삶을 추구했던 그는 결국 1754년 경기도
음죽현(경기도 이천) 근처에 정자를 짓고 살다가 그곳에서 죽었다.
국립중앙박물관은 작자 미상의 〈이인상 초상〉을 소장하고 있다. 종
이에 반신상으로 그려진 이인상은 복건을 쓰고 흰색 도포를 입었
다. 잔주름과 음영이 드리워진 예리한 눈매, 오뚝한 코, 굳게 다문
입술에서 엄격한 성격과 고집이 드러난다.

그가 그린 〈검선도劍仙圖〉도 국립중앙박물관에 함께 보관돼 있다.

미야세 류몬, 〈이언진 초상〉 ●
18세기, 《동사여담》 수록

소나무 아래 앉은 신선을 묘사한 그림이다. 미풍에 휘날리는 수염, 정면을 응시하는 차갑고 가느다란 눈매, 굳게 다문 입, 가지런히 놓은 칼은 세상과 타협을 모르는 성격과 어떤 유혹에도 흔들리지 않는 굳센 기상을 표출한다. 이인상은 그림을 취설옹에게 바쳤다고 밝혔다. 취설은 유후(1690~1780)의 호다.

마찬가지로 서얼인 유후는 1748년 서기관의 신분으로 조선통신사에 참여했으며, 일본에 글씨와 시를 남겼다. 이덕무는 유후의 인품에 관해 "유후는 용모가 깨끗하고 성품이 맑았으며 수염이 아름다워 헌칠한 신선 같았다. 그가 정묘년 일본에 가자 그곳 인사들이 모두 공경했다. 계미년에 다른 통신사 일행이 일본에 갔더니 그의 안부를 묻기에 돌아가셨다고 대답하자 왜인들이 눈물을 줄줄 흘렸다"고 적었다.

역관 이언진(1740~1776)은 서얼보다 더 차별받는 중인 신분이었지만, 독특한 시풍으로 당시 문단의 주목을 받았던 천재 시인이다. 2000수가 넘는 시를 썼지만 27세의 젊은 나이에 요절하기 전 원고를 불태워 남은 글은 일부에 불과하다. 사후 역관 이상적 등이 불타고 남은 시문 300여 편을 모아 《송목관신여고松穆館燼餘稿》라는 제목으로 조선과 중국 두 곳에서 펴냈다. 이덕무, 이용휴, 유만주 등 동시대 문인들은 이언진의 전기와 시에 대한 기록을 통해 그의 천재성을 기렸으며 연암 박지원은 《우상전虞裳傳》에서 "문장으로 나라를 빛낸 사람"이라며 그의 문학적 재능을 높게 평가했다. 1763~1764년 이언진이 계미통산사절단 일원으로 일본을 방문했을 때 만났던 일본 문인들과 주고받은 한시를 실은 미야세 류몬宮瀬龍門의 《동사여담東槎餘談》에 이언진의 초상과 이력 등이 포함돼 있다.

주자학 중심 사회에 도전한
조선의 마르틴 루터, 사문난적

조선은 주자학朱子學의 국가였다. 조선 사회에서 주
자(송나라 주희, 1130~1200)의 권위는 절대적이었다. 《대학》, 《중용》,
《효경》 등 유교 경전 해석에 있어 주자의 견해는 그 누구도 이의를
달거나 손댈 수 없는 것으로 인식됐다. 주자에 대한 도전은 곧 조
선 유학 체계에 대한 도전으로 받아들여졌다.

이런 분위기 속에서 주자를 전면 부정하고 경전 해석에서 독자
적 경지를 개척해 '사문난적斯文亂賊(유교를 어지럽히는 도적)'에 몰린
조선 성리학의 거목이 있었으니 그가 바로 윤휴(1617~1680)다. 그
는 천하의 이치를 주자 한 사람이 모두 알 수 없으니, 학자는 무릇
주자의 학설이 아니라 오직 진리만을 연구해야 한다고 강변했다.
윤휴는 주자학을 흠집 냈다는 죄목으로 죽임까지 당한다. 윤휴는
조선 후기는 물론 대한제국이 멸망할 때까지 이단시돼 그의 이름
을 언급하는 것이 금기시되거나 기피됐다.

윤휴는 아버지 윤효전을 3세 때 여읜 뒤 거의 독학으로 학문을
익혔지만 10대에 이미 유학 경서에 관해 풍부한 지식을 드러냈다.
그는 19세 때 그보다 10년 연장자이자 당대 최고 석학이던 송시열
(1607~1689)과 속리산 복천사福泉寺에서 만나 서로의 사상을 주고받
았다. 3일간의 열띤 토론 끝에 송시열은 "30년간의 나의 독서가 참

작자 미상, 〈윤휴 초상〉 부분
17세기, 전체 178.3 × 102.6㎝,
비단에 채색, 개인소장

으로 가소롭다"며 윤휴의 높은 학문 수준에 혀를 내둘렀다.

윤휴는 주자에 집착하는 대신 그 이전 시대인 선진先秦과 진秦·한漢·당唐 시대의 경서와 주석을 널리 읽고 참고해 주자의 학문과 사상적 굴레를 넘어서려고 했다. 그는 이기理氣와 심성心性을 논한 《사단칠정인심도심설四端七情人心道心說》, 각종 경서에 독창적인 장구章句와 주석을 단 《독서기讀書記》를 비롯해 《홍범설洪範說》, 《주례설周禮說》, 《중용설中庸說》, 《효경장구고이孝經章句攷異》, 《대학설大學說》, 《중용장구보록서中庸章句補錄序》, 《중용대학후설中庸大學後說》 등의 저술을 통해 독보적인 학문적 성과를 이뤘다. 이 같은 경향은 주자학을 맹신하던 송시열과 그의 추종자들의 극렬한 반발을 불렀다.

학문뿐만 아니라 정치에서도 윤휴와 송시열은 숙명의 라이벌이었다. 현종 때 두 차례에 걸쳐 치열하게 전개됐던 '예송논쟁禮訟論爭'의 본질은 상복과 장례 기간이 아니었다. 주자학을 앞세워 신권정치를 구현하려고 한 서인 송시열 서인과 왕권 강화를 통해 새로운 권력 기반을 다지려는 윤휴 중심 남인 세력 간의 정치 투쟁이었다. 2차 예송논쟁에서 윤휴의 주장이 받아들여져 서인이 대거 실각하고 송시열이 유배를 당하면서 송시열과 윤휴의 갈등은 정점으로 치달았다.

그러나 1680년(숙종 6) 경신환국庚申換局으로 남인이 완전히 몰락하자 윤휴는 서인의 집중 공격을 받는다. 서인계 유생들은 윤휴가 헛된 이론으로 민심을 현혹한다는 상소를 계속 올렸다. 그는 근거 없는 역모 혐의까지 씌워져 혹독한 형문을 받고 유배지로 가던 중 뒤따라온 금부도사에게 사약을 받고 죽었다.

사약을 든 윤후는 "나라에서 유학자가 싫으면 쓰지 않으면 그만이지 죽일 이유는 뭔가"라고 따져 물었다고 한다. 죽기 직전 마지막 유언을 글로 남기게 해 달라고 부탁했으나 거절당했다. 그는 교황에 맞서 성경을 독자적으로 해석해 개신교를 개척한 마르틴 루터에 곧잘 비견된다.

윤휴의 초상화는 대구의 후손가에서 전해온다. 초상화 속 그는 40~50대의 중장년 얼굴이며 2품의 운안흉배雲雁胸背와 삽금대鈒金帶를 착용하고 있다. 그러나 윤휴는 58세 되던 숙종 즉위년(1674)에

비로소 벼슬길에 나아갔다. 또한, 그림에 평면적이고 장식적인 화법이 쓰여 17세기 초반 공신상의 전형적 특징과 흡사하다. 때문에 일각에서는 윤후의 초상화로 단정하기 어렵다고 주장한다.

사문난적은 성리학 또는 유교 이념에 반대하는 사람 또는 사상을 비난하거나 공격할 때 쓰는 용어다. 우리나라에는 유교가 도입된 고려 말에 이 단어가 생겼으며 조선 시대 성리학이 국시國是가 된 후로는 반역자에 준하는 의미로 사용됐다. 명종 중반인 1560년경부터 사림파가 조정을 장악하면서 정적들을 매장하는 데 악용됐다. 성리학이 교조화된 조선 후기 이후 사문난적으로 몰리는 것은 사회적 매장 또는 사형에까지 이를 만큼 치명적이었다.

시조 〈어부사시사〉를 지은 고산 윤선도(1587~1671)도 제1차 예송논쟁 당시 송시열, 송준길이 효종의 정통성을 부정한 역적이라는 과격한 상소를 올렸던 게 빌미가 돼 사후 1680년 경신환국과 함께 관작이 추탈되고 사문난적으로 매도됐다.

윤선도는 정치적으로 열세에 있던 남인 가문에 태어나 집권세력인 서인 일파에 대항해 왕권 강화를 주장하다가 20여 년의 유배와 19년의 은거 생활을 했다. 예송논쟁 때 남인의 거두로서 송시열 세력을 제압하려고 했지만 실패해 유배형을 받았다. 유배지 등 벽지에서 탁월한 문학적 역량을 발휘한다. 그가 남긴 75수의 시조 및 단가는 정철의 가사와 함께 조선 시가에서 쌍벽을 이룬다. 허목(1595~1682)도 주자학의 절대성을 인정하지 않고 다른 학문도

진리일 수 있다는 주장을 폈다가 사문난적의 불명예를 안았다. 남인의 핵심 인사였던 그 또한 예학을 놓고 송시열과 반목했다. 경기도 연천의 산림에 묻혀 학문에 열중하던 허목은 63세에 유일遺逸(초야에 은거하는 명망 높은 선비를 천거하는 인재 등용책)로 본격적인 정치활동을 시작한다. 과거를 치르지 않았지만, 벼슬이 여러 판서를 거쳐 우의정에 이르렀다. 주자의 저술보다는 《시경》, 《서경》, 《역경》, 《춘추》, 《예기》의 오경五經 속에 담겨 있는 원시 유학의 세계에 관심을 보였고 도가적 성향을 깊이 드러냈으며 불교에도 개방적이었다. 그의 사상은 이익李瀷으로 이어져 남인 실학파의 기반이 됐다.

〈허목 초상〉은 정조가 그의 인물됨에 크게 감동해 은거당이 그린 82세의 허목 초상화를 당대 최고 화사 이명기에게 재현케 한 작품이다. 채제공이 이런 내용을 화폭 상단에 기록했다. "허목의 호는 '미수眉叟(흰 눈썹)'다. 그림에 희고 두꺼운 눈썹이 잘 묘사돼 있다."

윤증(1629~1714)은 애초 서인이었지만 서인이 노론과 소론으로 분리될 때 소론의 영수로 추대되면서 송시열과 맞섰다. 송시열에게 《주자대전》을 배웠지만 스승 송시열이 자신과 불편한 관계였던 부친 윤선거의 묘지명을 써주지 않자 사제지간을 끊었다.

그는 송시열의 주자학적 종본주의와 그에 근거한 존화대의尊華大義 및 숭명벌청崇明伐淸의 북벌론을 정면으로 반박하면서 사문난적에

● 이명기, 〈허목 초상〉 부분 (보물 제1509호)
1794년, 전체 72.1×57㎝, 비단에 채색, 국립중앙박물관

● 조세걸, 〈박세당 초상〉 부분
1690년, 전체 85×58.6cm, 개인소장

포함됐다. 노론 측에서는 어진 스승을 배반한 패륜이라고 그를 비
난했다. 박세당(1629~1703)은 현종 1년(1660) 증광문과에 장원으로
급제했지만 반주자학적 입장을 견지해 정치적 입지가 매우 좁았
다. 그는 1703년 주자학과 송시열을 비판하고 독자적 견해를 밝힌
《사변록思辨錄》을 출간하자마자 사문난적으로 낙인찍혀 유배형까지
받았지만 이인엽의 상소로 집행되지는 않았다. 그는 사대부들의
무위도식을 질타했고 실리적 외교정책, 백성을 위한 법률의 혁신,
정치·사회제도의 개혁을 주장했다.

충남역사문화연구원에서 기탁보관 중인 윤증의 초상화는 총 6점

明齋先生遺像

崇禎紀元後再甲子四月摹

● 이명기, 〈윤증 초상〉 (보물 제1495호)
1788년, 118.6 × 83.3cm, 비단에 채색, 충남역사문화연구원(윤완식 기탁)

이 전해오며 일괄적으로 보물 제1495호로 지정됐다. 《영당기적影堂
紀蹟》은 윤증 초상의 제작 기록을 담은 필사본이다. 1711년 변량이
윤증의 초상을 처음으로 그린 이후 1744년 장경주, 1788년 이명기,
1885년 이한철이 모사할 때까지 네 번의 제작 사례를 볼 수 있다.
박세당의 초상화는 숙종 어진 제작에도 참여했던 평양 출신 조세
걸이 1690년경 그린 것으로 추측된다. 복건에 심의를 입은 반신상
으로 60세가 넘은 노학자의 굳센 의지가 잘 드러나 있는 작품이다.

　이들 사문난적은 공통적으로 서인 노론의 영수 송시열과 불화
를 겪었던 인사들이다. 송시열과 그 추종 세력은 반대파를 사문
난적으로 몰아 숙청했고 조선을 노론 일당의 폐쇄 국가로 전락시
켰다.

무과 합격 기념 앨범을 남긴
18인의 무인들

1774년(영조 50) 음력 1월 15일 경복궁 근정전 터에
서는 등준시登俊試가 성대하게 치러졌다. 1465년(세조 11)에 이어 두
번째로 마련된 이 시험에는 특수한 목적이 있었다. 세조는 과거
를 볼 자격이 주어지지 않았던 종친들을 등용할 목적으로 등준시
를 거행했다. 그러나 영조는 조정의 관리들이 학문과 무예에 매진
하고 솔선수범하는 모습을 보이도록 시험을 시행했다. 종1품 이하
당상관 3품까지의 문·무과 고위직이 시험을 치렀고, 그 결과 문
과 15명, 무과 18명으로 총 33명의 급제자가 배출됐다. 무과 시험
은 130보 떨어진 곳에서 화살을 쏘아 과녁 정중앙을 맞추는 것이
었다.

　시험 3일 뒤인 18일 영조는 전교를 통해 "전일 치른 이번 등준
시는 300년 만에 다시 갖는 경사였다. 문과 15명의 도상(초상화)은
예조에, 무과 18명의 도상은 병조에서 간수하라. 8개월 후 전례대
로 의정부에서 연회를 내리겠다"라면서 "1월 25일 약방 진료 시 문
무과 도상첩 한 짝을 들여라"라고 명했다. 영조는 등준시에 큰 의
미를 부여했다. 나라에 공을 세운 공신도 아닌 과거급제자의 초상
화를, 그것도 모두에게 하사하는 것은 매우 이례적인 일이다. 영
조는 이로도 모자라 33명의 초상화를 불과 9일 만에 제작해 올리

라고 다그친다.

영조의 명령으로 만들어진 도상첩 가운데 아쉽게도 문과도상첩은 존재하지 않는다. 그러나 무과 도상첩은 온전한 상태로 전해져 온다. 국립중앙박물관이 소장하고 있는 〈등준시무과도상첩登俊試武科圖像帖〉이 바로 그것으로, 영조대 등준시 무과에서 합격한 사람들의 반신상을 볼 수 있다.

도상첩은 영조의 '전교', 합격자 명단인 '무과방목榜目', 18명의 초상화, 초상화를 그리는데 관여한 화원의 명단인 '화원좌목座目'의 순으로 구성돼 있다. 합격자는 성적순에 따라 갑과 1명(장원), 을과 3명, 병과 14명의 순으로 나열된다. 그 면면을 보면 1등의 영예는 가의전주부 이춘기(1737~?)가 차지했으며 을과는 절충전수사 민범수(1717~?), 가선전병사 조완(1724~?), 가선함춘군 이창운(1713~1791) 순이다. 그리고 병과는 절충전병사 안종규(1723~1778), 절충전수사 최조악(1738~?), 정헌행부사직 이장오(1714~?), 가의부총관 최동악(1745~?), 가선행부사직 이윤성(1719~?), 가선행부호군 이국현(1714~1780)·유진하(1714~?)·민지열(1727~?)·이명운(1716~?)·이방일(1724~1805)·이달해(1730~?)·김상옥(1727~?)·조집(1735~?), 절충전병사 전광훈(1722~?) 순이다.

화원좌목에는 참여화원 7명의 이름이 소개돼 있다. 총책임자인 한종유를 포함해 한종일, 신한창, 장홍, 김종린, 최득현, 한정철이 그들이다. 1781년 한종유는 김홍도와 함께 주관화사로서 정조의 어진 익선관본을 제작했으며 정몽주, 김응하, 김재로 초상의 이모본을 그렸다. 나머지 이름의 주인공들도 대부분 의궤제작에 참여하는 등 영조·정조 시절에 활발히 활동했던 주요 화원들이다.

화첩 속 18명은 모두 오사모를 쓰고 해치 또는 호랑이 흉배가 부착된 짙은 청록색 단령포를 걸친 무관복 차림을 하고 있다. 7명의 화원이 작업에 참여한 만큼 초상화마다 표현기법에 다소 차이가 나타난다. 민범수, 이창운, 민지열, 이명운, 김상옥, 전광훈 등 6명의 초상화에는 얼굴 주름을 따라 살짝 들어간 음영과 선명한 옷 주름의 입체감이 잘 표현되어 있다. 조완, 이윤성, 이방일, 조집 등 4명의 초상화에는 얼굴 음영이 비교적 강하게 표현되어 있으며, 부분적으로 가미된 잔 붓질이 특징이다.

안종규, 이국현, 이달해 3명의 초상화에서는 호랑이 흉배의 입체감이 두드러진다. 또한, 얼굴에는 육리문肉理紋(얼굴의 근육과 살결을 나타내는 기법)에 능숙한 잔 붓질의 묘사가 돋보이는 데 비해 옷 주름의 음영은 비교적 엷게 묘사됐다. 최조악, 이장오, 유진하, 최동악, 이춘기 등 5명의 초상화는 앞의 세 유형과 같은 방식이 쓰였으나 조금씩 변형되거나 절충된 형태로 나타난다. 화첩에서 드러나는 이 같은 화법은 서양화의 영향으로 입체 표현기법이 쓰이던 정조대 1780년대부터 1790년대까지의 과도기적 양상을 반영한다.

등준시의 성적 우수자들은 출세 가도를 달렸을까. 시험에서 1등을 했다고 해서 1등 인생을 산다는 보장은 없다. 장원이었던 이춘

1 〈등준시 무과에서 장원한 이춘기 초상〉
  47.0 × 35.2cm 전체, 종이에 채색, 국립중앙박물관

2 〈충무공 이순신의 7대손 이달해 초상〉
  47.0 × 35.2cm 전체, 종이에 채색, 국립중앙박물관

3 〈명궁 이장오 초상〉
  47.0 × 35.2cm 전체, 종이에 채색, 국립중앙박물관

기는 일찍 사망한 것인지 이후 각종 기록에서 이름을 찾아볼 수 없다. 그러나 상당수는 등준시 응시 당시 이미 고위직에 도달해 합격 후 요직을 차지했다. 58세의 적잖은 나이에 2등(을과 1등)을 한 민범수는 시험 후 종2품 황해도병마절도사에 임명됐다. 다만 탐학과 불법으로 사헌부의 탄핵을 받기도 했다. 3등(을과 2등) 조완은 합격 이듬해 종2품 삼도수군통제사가 됐다. 하지만 정조 즉위 이후 세손을 모해한 정후겸·홍인한과 친밀했다는 이유로 제주도에 유배됐다.

4등(을과 3등) 이창운 역시 등준시 급제 2년 뒤인 1776년(정조 즉위년) 삼도수군통제사에 올랐고 이후 어영대장·총융사 등 중책을 두루 지냈다. 병과 11등을 한 이달해는 임진왜란의 영웅 이순신의 7대손이자 1728년(영조 4) 이인좌의 난 때 순직한 충청병마절도사 이봉상의 손자이다. 이달해는 전라우수사, 전라병마절도사, 강계부사를 역임했다.

조선 시대 무인들은 활을 잘 쏘아야 했다. 등준시 합격자들은 활에 있어 조선 일인자들이었다. 이장오는 병과 3위에 그쳤는데도 하늘을 나는 새를 떨어뜨릴 만큼 활 솜씨가 뛰어났다. 70세도 넘은 이장오가 모화관에서 활을 쏘아 날아가는 고니를 명중시켜 상으로 활과 화살을 하사받았다고 전하는 기록도 있다.

현재 1774년 18명의 등준시 무과 합격자 중 별도의 초상화가 남아있는 인물은 이장오, 이창운과 전광훈이다. 〈이장오 초상〉은 밑그림 유지초본을 모은 〈명현화상첩(국립중앙박물관 소장)〉에 수록돼 있다. 〈이창운 초상〉은 1782년 관복본과 군복본 두 점으로 모두 전신의좌상(개인 소장)이다. 전광훈은 그와 마찬가지로 무관이었던 아버지 전운상과 삼촌 전일상의 초상화 관복본 전신의좌상 각 한 점씩과 전일상의 〈석천한유도〉가 집안에 보존돼 오고 있다.

5부

화폭에 담긴
불멸의 여인들

미국 가보기를
소원했던 명성황후

"왕비의 첫인상은 차가웠다. 창백하고 마른 얼굴에 이목구비가 날카로웠고, 사람을 꿰뚫어 보는 것 같은 총명한 눈을 지녔지만 아름답다는 인상을 주지는 않았다. 서로 대화를 하면서는 느낌이 많이 달라졌다. 생기발랄함과 소박함, 재치 같은 것들이 단순한 겉모습보다 훨씬 더 큰 매력을 느끼게 해주었다. 지식은 대개 중국의 고전에서 얻은 것들이었지만 정신 수준이 매우 높았다. 그녀는 많은 질문을 했고 들은 모든 것을 기억했다."

한국 최초의 근대식 병원인 제중원 부인과 의사이자 명성황후의(1851~1895) 주치의였던 릴리어스 호턴 언더우드 여사(1851~1921)는 1904년 펴낸 회고록 《상투 튼 사람들과 함께한 15년Fifteen Years Among the Top-knots》에서 명성황후를 이렇게 묘사했다.

책에서는 우리가 몰랐던 명성황후의 새로운 면목이 확인된다. 명성황후는 화려한 치장을 좋아하지 않았다. 언더우드는 "왕비는 늘 머리에 첩지(왕실 여성이 가르마에 얹던 장식품)를 하고 있었다. 장신구에 신경 쓰지 않아 귀고리나 목걸이, 브로치, 팔찌를 찬 것을 한 번도 보지 못했다"라고 떠올렸다.

왕비는 늘 언더우드 부인을 세심하게 배려했다. 어느 날 언더우드 부인이 명성황후를 방문했다가 돌아가려는데 장대비가 쏟아졌

Pride of the Village.

《독립정신》에 실린 명성황후
사진의 원본으로 추정되는 사진
19세기 말~20세기초, 16.3 × 10.3㎝,
한미사진미술관

다. 왕과 왕비가 아니면 대궐에서 말이나 가마를 탈 수 없었으나
왕비는 몸소 창가로 가서 언더우드를 위해 가마를 대령시키라고
명령했다. 주위에서는 언더우드에게 "사양하고 제발 가마까지 걸
어가 달라"고 애걸복걸했다. 언더우드는 결국 걸어서 갔다. "비에
흠뻑 젖었어도 왕비의 따뜻한 배려에 마음이 푸근해졌다"라고 저
자는 적고 있다. 겨울이면 왕비는 언더우드 일행을 불러 대궐 뜰
안의 연못에서 스케이트를 타게 하기도 했다.

명성황후는 미국을 무척이나 동경했다. 그녀는 "전하와 세자와 내가 모두 그곳에 갈 수 있다면 얼마나 좋을까. 조선도 미국처럼 행복하고 자유롭고 힘이 있다면…"이라고 속내를 털어놓았다.

명성황후만큼 평가가 극단적으로 엇갈리는 인물도 드물다. 당대는 물론 오늘날까지도 그녀는 나라를 위해 목숨 바친 구국의 여걸로 여겨지기도 하고, 망국의 왕비이자 나라를 망친 장본인이라는 비난이 따라붙기도 한다.

명성황후는 시아버지인 흥선대원군 이하응과 극한의 권력 암투를 벌였다. 1874년 민씨 척족의 수장이자 명성황후의 오빠인 민승호(명성황후 친부 민치록의 양자, 민승호와 명성황후는 12촌 간)는 흥선대원군을 권좌에서 축출하고자 했다. 그러던 중 신원 미상의 승려가 민승호에게 보낸 진상품 속의 화약이 터져 그의 일족이 몰살당하는 참변이 발생한다.

8년 뒤인 1882년에는 명성황후 또한 생사의 갈림길에 서게 된다. 민승호 사후에는 민겸호가 민씨 척족의 중심으로 부상한다. 민겸호는 신식 군대인 별기군 창설과 훈련을 주관했으며 선혜청(조세의 출납을 관장하던 관청) 당상 겸 병조판서를 지냈다. 구식군인들은 선혜청이 13개월 만에 지급한 녹봉에서 겨와 모래가 섞여 나오자 흥선대원군을 내세워 반란을 일으켰다. 이것이 임오군란이다. 민겸호는 이를 무력으로 진압하려다 반란병에 붙잡혀 참살된다. 명성황후는 궁녀 복장을 한 채 허둥지둥 궐문을 빠져나가 충주의 초가집에 은거했다. 후에 민씨 일가는 청나라 군대의 힘을 빌려 다시 반란을 진압했고 흥선대원군은 청나라로 소환됐다.

명성황후는 청나라와 러시아를 활용한 능수능란한 외교술로 한반도를 병합하려는 일본의 야욕을 번번이 좌절시켰다. 그러나 외세에 의존한 외교는 한계가 분명했다. 결국 1895년 10월 8일 새벽 경복궁에서 을미사변으로 불리는 전대미문의 사건이 일어난다. 조선 주재 일본 공사 미우라 고로가 지휘하는 일본 낭인들에게 명성황후가 시해된 것이다.

언더우드의 회고록에 따르면 일본 공격부대는 총을 쏜 뒤 아무런 방해도 받지 않고 대궐 안으로 쳐들어왔다. 암살단의 하수인이던 정병하가 "두 분 전하(고종, 명성황후)는 안전할 것"이라고 안심시켰고, 결국 적의 무리는 가련한 왕비를 찾아내 찔러 죽였다. 궁녀들을 데려와 왕비의 시체를 보여주자 "중전마마, 중전마마"라고 소리쳤다. 시체가 왕비인지 확신할 수 없었던 암살자들은 그들의 절규에 득의의 미소를 지었다.

고종은 사건 이후 독살의 공포를 느껴 음식을 들지 않았다. 이에 언더우드는 직접 음식을 만들어 임금에게 보냈다. 음식은 통에 담은 뒤 자물쇠로 잠갔다. 그녀의 남편(호러스 그랜트 언더우드)이 매번 자물쇠를 왕에게 전달했다. 그러던 중 홍선대원군을 만났다. 을미사변의 주모자인 홍선대원군은 뻔뻔하게도 "그 좋은 음식을 왜 전하에게 드리오. 늙은 내게 그 음식이 더 필요하오"라며 능청을 피웠다고 한다.

고종과 홍선대원군은 숱한 초상화와 사진을 남겼지만 유독 명성황후만은 그렇지 못했다. 홍선대원군이나 정적들과의 정치적 갈등으로 끊임없이 생명의 위협을 받던 그녀는 신분 노출을 극도로 꺼렸기 때문이다. 명성황후가 일본 자객들에게 살해된 지 122년이 지났지만, 여전히 황후의 모습을 두고 진위 논란이 끊이지 않는 이유다.

그간 카를로 로제티의 《꼬레아 꼬레아니》(1904년)에 실린 명성황후 사진, 독일 사진작가의 사진첩 속 '시해된 왕비' 사진 등 해외에서 다수의 명성황후 사진과 초상화가 제시됐다. 그러나 1910년 이승만이 저술한 《독립정신》의 명성황후 사진과 그 원본인 한미사진미술관 소장 명성황후 사진이 그녀의 실제 모습이라는 설이 제일 유력하다. 이 사진은 당대에 여러 책에서 사용되었다.

2017년에는 사설 미술관인 다보성갤러리에서 명성황후 초상화라며 인물 그림을 공개하기도 했다. 두건을 두른 채 한복을 입은

⦿ 〈명성황후 주장 초상화〉
전체 66.5 × 48.5㎝, 다보성갤러리

전신상이다. 갤러리측은 그림의 제작 시기가 구한말이라고 밝혔다. 초상화는 한국과 중국 문화재를 집중적으로 수집했던 일제강점기 일본인 사업가의 소장품 중 하나였다고 한다. 광복 후 국내 모 기계업체 창업주가 이를 넘겨받았고 수년 전 그 회사가 다보성 갤러리에 보관을 의뢰했다고 갤러리 측은 소개했다. 갤러리는 이 그림이 명성황후 살해범인 미우라 고로의 글씨와 한 세트로 전해졌다는 점, 그리고 그림 뒷면에 '민씨 부인'으로 추측되는 지워진 글씨가 있다는 점을 근거로 들며 그림 속 인물이 명성황후라고 추정했다. 그러나 비전문가가 보더라도 한미사진미술관 사진과 초상화는 닮은 부분이 거의 없다. 옷차림이나 용모도 왕비의 초상화라고 하기에는 초라하며, 그린 이가 한복에 대한 이해도가 부족해 보인다는 주장도 제기된다. 다보성 초상화를 명성황후라고 하기에는 근거가 약하다는 결론이다.

언더우드의 회고는 계속된다. "그녀가 비명에 가고 2년 뒤인 1897년 10월 고종은 황제 칭호를 쓴다. 그리고 11월 27일 중전의 성대한 장례식이 치러진다. 황후의 예에 걸맞게 황제는 마지막 의식에 돈을 물 쓰듯 했다. 비운의 삶을 살았던 왕비의 마지막 호사였다."

무수한 염문을 뿌렸던
조선 최고 여자 가수

"계섬은 온 나라에 이름을 떨치게 되었다. 지방에서 소리하는 기생들도 서울에 적을 두고 소리를 배울 때 모두 계섬에게 몰려들었다. 학사와 대부들마저 노래와 시로 계섬을 기리는 일도 있었다." 조선 후기 명문가 출신의 학자 심노숭(1762~1837)이 지은 〈계섬전〉의 일부이다.

계섬桂蟾(1736~?)은 영·정조대 활약한 조선 최고의 여성 가객歌客이었다. 조선의 내로라하는 소리꾼들이 총출동한 평양감사 회갑연에 참석해 대동강 선상에서의 공연으로 평양 사람들의 열렬한 환영을 받았고, 정조 때 국가적 행사로 치러졌던 혜경궁 홍씨(정조 어머니) 회갑연에서는 60세의 나이로 기생들을 총지휘했다. 그녀는 식을 줄 모르는 인기만큼이나 숱한 염문을 뿌렸는데, 심노숭은 계섬을 사모해마지않는 이들 중 하나였다. 그는 그녀의 마지막 남자로 남기 위해 그녀의 전기를 지어 헌사했다. 이것이 바로 〈계섬전〉이다.

심노숭은 몸이 허약해 병에 시달렸고 호색과 풍류를 일삼으며 시문 창작에 몰두했다. 음서로 벼슬길에 올라 천안군수, 광주판관, 임천군수 등을 지냈다. 《효전산고》, 《적선세가》, 《단향연축》, 《대동패림》 등 성리학적 시문관에서 탈피한 다양한 저술을 남겼다. 〈계

〈원의손 초상〉
종이에 채색, 국립중앙박물관, 계섬의 젊은 시절 애인이다.

섭전〉은 그의 대표작이라 할 수 있는 《효전산고》에 실려 있다.

계섬은 애초 황해도 송화현의 관노였다. 〈계섬전〉은 계섬을 "서울의 이름난 기생인데 본래 황해도 송화현의 여자 종으로, 대대로 고을의 아전을 지낸 집안 출신이다. 그녀의 사람됨은 넉넉하고 눈망울은 초롱초롱 빛이 났다"라고 묘사한다.

계섬이 7세 되던 무렵 그녀의 아버지가 죽고 몇 해 뒤 어머니마저 세상을 등지자 나라에서는 그녀를 어느 고관의 집에 종으로 보냈다. 계섬은 그 집에서 노래를 배우게 된다. 그녀는 곧 천부적 소질을 발휘했고 이때 이미 고관대작의 잔치나 한량패의 술잔치에 그녀의 소리가 없으면 부끄럽게 여길 정도로 명성이 높아졌다.

그러다 영조 때의 문신 원의손(1726~1781)이 그녀를 탐내 자기 집으로 데려왔다. 원의손은 1753년(영조 29) 정시문과에 병과로 급제해 벼슬을 시작했고 1772년(영조 48)에는 우의정에 올랐다. 계섬은 10년 동안 원의손의 집에 기거했지만 무슨 이유에선지 그와 말다툼을 한 뒤 의를 끊고 집을 뛰쳐나왔다.

그 뒤 계섬은 곧바로 이정보(1693~1766)의 문하로 들어갔다. 이정보는 1732년(영조 8) 정시문과에 병과로 급제한 뒤 대사성, 함경도관찰사, 도승지, 형조·공조·이조판서, 대제학, 지성균관사 등 고위직을 두루 지낸 당대 명사였다. 동시에 100수에 달하는 시조를 남긴 시조 작가였고, 곡조와 가락의 오묘한 것까지도 모르는 것이 없는 조예 깊은 음악가였다. 관직에서 물러난 뒤에는 아예 음악

1 〈이정보 장년 초상〉
  1748년, 148.5 × 79.9cm, 비단에 채색, 국립중앙박물관
2 〈이정보 노년 초상〉
  1762년, 102.4 × 52.6cm, 비단에 채색, 국립중앙박물관

에 전념하며 수없이 많은 남녀 명창들을 배출했다. 그리고 그중 으
뜸은 단연 계섬이었다. "이정보는 계섬을 가장 사랑하여 늘 자신의
곁에 두고 그녀의 재능을 기특하게 여겼다. 그렇지만 사사롭게 좋
아한 것은 아니었다. 이정보는 새로운 곡조를 마련해서 수년 동안
계섬을 가르치고 수련을 시키니 계섬의 노래는 더욱 향상되었고 높

은 경지에까지 오르게 됐다. 마침내 억지로 잘 부르려고 하지 않아도 입에서 자연스럽게 나왔고 그 소리는 집 대들보까지 은은하게 울려 퍼졌다." 둘은 작곡가와 가수의 관계였고 또한 스승과 제자의 사이였다.

계섬이 이름을 떨치게 되자 옛 애인인 원의손은 그녀를 되찾고자 했다. 원의손은 문안을 핑계로 이정보를 찾아가 계섬을 보내 달라고 간청했다. 이정보도 계섬에게 여러 번 "원의손의 제안을 받아들이는 게 어떠냐"고 물었지만 그녀는 단호했다. 이정보가 사망하자 계섬은 아버지를 잃은 것처럼 슬퍼 곡을 해 주위를 숙연케 했다. 장례 뒤에도 매일 음식을 마련해 이정보의 무덤에 가 술 한 잔에 한 곡조, 한 번의 곡을 하는 것을 온종일 반복했다.

스승의 사후 계섬은 방황했다. 호협한 젊은 무리들과 어울렸으며 서울의 큰 부자였던 한상찬에게 의탁하기도 했다. 그러다 나이 마흔에 관동지방의 산속에 칩거한다. 그녀는 짧은 베 치마를 걷어 올리고 짚신을 신고 손에는 조그만 광주리를 들고는 나물과 버섯을 따러 산꼭대기와 물가에 오가고 밤마다 불법佛法을 생각하며 조용히 살았다.

그러나 세상은 계섬을 놔두지 않았다. 여전히 관노의 신분이었던 그녀는 이번엔 세도가였던 홍국영(1748~1781)에게 하사됐다. 그녀는 홍국영이 마련한 자리에 나가서 마지못해 다시 노래를 불러야 했다. "세상사가 한바탕 꿈 같구려. 홍국영의 그때 일은 참으로 가소로운 것이라 꿈에서도 박장대소하면서 깔깔대어 마지않았답니다." 계섬은 이렇게 당시의 일을 말하곤 했다.

홍국영이 실각하자 이번에는 풍류객 심용(1711~1788)이 그녀의 후원자로 나섰다. 그녀는 심용을 따라 파주시 광탄면 신산리에 거주하게 됐다. "초가의 버팀목은 대여섯 개이고 창문과 기둥, 방과 빗살창이 구불구불 서로 통하고 그윽하게 이어져 있었다. 그곳에는 병풍, 책상, 술동이, 그릇이 나란히 놓여 있는데 화사하고 깔끔한 것이 볼 만했다." 이 시기에 계섬은 심용과 함께 평양감사 회갑연에 참석하고, 이곳에서 최고의 기량을 뽐내며 전국적인 명성을 얻는다.

이때 그녀는 〈계섬전〉의 저자 심노숭을 종종 만났다. 심노숭은 계섬보다 26세나 연하였다. "1797년 내가 우상정(심노숭의 부친 심낙수가 만든 정자)에서 요양을 하고 있는데 하루는 계섬이 나귀를 타고 방문했다. 그때 그녀의 나이가 예순둘인데도 머리도 세지 않고 말도 유창하게 하며 기운도 정정했다."

그녀는 심노숭에게 자신의 인생 이야기를 하다가 비탄에 젖었다. 그녀는 젊어서부터 온 나라에 이름이 알려져 숱한 현인, 호걸들과 어울렸지만 진정한 사랑을 만나지는 못했다. "저들은 저마다 호화스러운 저택과 휘황한 비단으로 제 마음을 맞추려고 했습니다. 하지만 저들이 저와 가까워지려 힘쓰면 쓸수록 제 마음은 멀어졌습니다. 한번 떠나온 뒤로는 저들 또한 결국 길가는 사람과 같을 뿐입니다."

계섬이 아버지처럼 여겼던 이정보 또한 생전에 "지금 세상에 남자로도 너만 한 사람이 없으니 너는 끝내 진정한 만남을 이루지 못한 채 죽을 것"이라며 안타까워했다. 그녀의 넋두리는 계속된다. "불교에 삼생(전생, 현생, 후생)과 육도(중생이 선악의 원인에 의해 윤회하는 여섯 가지 세계)의 설이 있으니 제가 계율대로 수행하면 내세에서는 진정한 만남을 이룰 것입니다. 만약 그렇게 하지 못하더라도 석가여래에 귀의한 것만으로 만족합니다."

이에 심노숭이 계섬의 전기를 지어 그녀에게 읽어 주면서 "내가 너에게는 진정한 만남이 아니겠느냐"라고 말하자 그녀는 크게 웃었다. 계섬은 자식이 없었다. 그녀는 밭을 사서 조카에게 주고 부모 제사를 맡기고 자신이 죽으면 화장시켜 달라고 유언했다.

계섬의 강력한 후원자였던 이정보와 그녀의 첫 번째 애인이었던 원의손의 초상화가 국립중앙박물관에 남아있다. 이정보의 초상화는 장년과 노년 때의 것으로 2점이 있다. 장년때의 초상은 1748년 함경도 관찰사를 역임할 때 그려진 것으로 추정된다. 노년 초상화는 1762년 정1품 보국숭록대부로 승진했을 때 제작된 것으로 짐작된다. 장년 초상화 속 강건해 보이는 모습에 반해 노년 초상화에서는 왜소한 몸체와 광대뼈가 도드라져 크게 대비된다.

고종을 왕으로 만든
킹메이커 신정왕후

조선 26대 임금인 고종(1852~1919)은 도저히 왕이 될 수 없는 신분을 타고났다. 고종은 조선 16대 왕 인조의 3남 인평대군의 9대손으로 왕족과 거리가 멀며 심지어 그의 고조부 이진익과 증조부 이병원은 평생 평민으로 살다가 죽었다. 조부인 이채중(후일 이구로 개명)이 운 좋게 사도세자의 서자 은신군의 봉사손(조상의 제사를 맡아 받드는 자손)으로 입적되면서 남연군으로 봉해졌지만 그렇더라도 껍데기만 왕족일 뿐이었다. 그런 고종을 아들로 삼아 왕좌를 물려준 인물이 24대 헌종의 모친 조대비(신정왕후, 1808~1890)였다. 남편이 요절해 왕후에 오르지는 못했지만 조선 말기 조정의 막후 실력자로 막강한 권력을 휘둘러 여걸로 불렸던 여인이다.

조선의 르네상스를 꽃피웠던 22대 정조(재위 1776~1800)가 승하하고 순조(재위 1800~1834)가 즉위하면서 조선은 바야흐로 세도 정치의 시대에 휩쓸린다. 안동 김씨는 국정을 농단하고 정치적 혼란과 민생 파탄을 불러왔다. 조대비는 이런 사회적 격변기에 12세의 나이로 순조의 맏아들 효명세자(1809~1830)와 혼인해 세자빈이 된다. 순조는 1827년 건강상의 이유를 내세워 문학적, 예술적 능력이 탁월하고 명민했던 효명세자에게 대리청정을 시키고 국정 일선에서 물러났다. 효명세자가 19세 되던 해였다.

세자는 세도 정치의 폐해를 누구보다 잘 알고 있었다. 효명세자는 대리청정 기간에 줄곧 세도 정치를 억제하고 새로운 인재를 널리 등용해 왕정의 영향력을 회복하려고 노력했다.

그러나 조선의 운명은 그게 다였다. 세자는 대리청정을 시작한 지 불과 3년 만인 1830년(순조 30) 갑작스럽게 각혈을 하다가 며칠 만에 허무하게 죽는다. 남편의 흉사로 조대비는 왕후가 될 수 없었다. 그러나 대신 아들이 왕좌에 앉았다. 효명세자 사후 정사를 다시 보게 된 순조가 4년 만에 사망하자 그녀의 8세 된 아들 헌종(재위 1834~1849)이 왕위를 물려받은 것이다. 아들의 즉위와 함께 남편이 익종으로 추봉되자 그녀 역시 왕대비가 됐다. 그리고 1857년(철종 8) 시어머니 격인 순조비 순원왕후가 죽으면서 대왕대비가 됐다.

철종이 재위 13년 만에 후사도 없이 승하하자 그녀가 최고 어른인 대왕대비로서 왕실의 권한을 한 손에 쥐게 됐다. 그녀는 안동 김씨 세력을 약화시키고 자신의 친정 세력들을 대거 기용하려는 계획을 세운다. 그녀는 때마침 자신의 조카 조성하와 손을 잡고 있던 흥선군의 둘째 아들(고종)로 하여금 왕위를 계승하게 한다.

그러나 이후 조대비의 삶은 결코 평탄치 못했다. 그녀는 구한말 혼란기의 국가적 재난을 지켜봐야 했고, 그녀의 친정 세력들은 연이은 정변에 잇따라 희생되었다. 남편은 22세에 요절했지만, 그녀는 83세까지 장수했다. 조대비는 말년에 눈물을 흘리며 살아 있음을 한탄했다고 한다. 그녀의 능은 수릉綏陵으로 경기도 양주에 있다.

그녀의 영정으로 알려진 초상화 한 점이 전해져 비상한 관심을 끈다. 여성의 초상화는 사대부가와 여염집 여인, 기생까지 포함해 작품 수가 극히 드물다. 조선 초기에는 왕비 초상이 그려졌지만, 임진왜란 이후에는 그림은커녕 그 같은 기록조차 없다. 남녀유별이 엄격해져 왕후의 초상화를 그리느냐 마느냐를 놓고 대신들이 격론을 벌일 정도였기 때문이다. 〈조대비 추정 초상화〉는 인물이 의자에 정좌한 정면 영정이다. 조선 시대 문신의 초상과 유사하게 화원이 격식을 갖춰 제작한 유일한 여성 초상화라 할 수 있다.

그림 속 여인은 예복을 입고 있다. 화려하되 사치스럽지 않은 꾸밈새다. 목덜미에 용잠 비녀를 꽂은 낭자머리를 하고 주렁주렁 장식이 달린 화관을 쓴 차림이다. 용무늬의 비녀는 원래 왕실의

순정효황후의 화려한 차림 ●

장신구이며 화관 장식도 회갑연이나 혼례 때 쓰는 것보다 화려하
다. 상의는 세 겹의 옷을 겹쳐 입었다. 검붉은 색 저고리 위에 파
란색 덧저고리를, 그 위에는 초록색 원삼을 걸쳤다. 덧저고리에는
사각형의 장식 단추를 달아 한껏 장식미를 더했고 검붉은 저고리
의 옷고름은 원삼 밖으로 빼내어 맸다.

　가슴에 두른 검붉은 띠는 매듭을 등 쪽에서 묶는 것이 보편적
이지만 초상 제작을 위해 가슴 앞쪽으로 돌려 맨 것으로 짐작된
다. 치마는 남색이고 신발은 남자들의 신인 태사혜의 장식과 흡사
한 당혜唐鞋(코와 뒤꿈치에 당초문을 놓아 만든 가죽 신)를 신었다. 바닥
에는 화문석이 비스듬히 깔려있고 의자는 청나라에서 수입한 것
이다. 이런 것들로 미뤄 초상화의 주인공은 지체 높은 여인이었음

이 틀림없다. 이에 따라 일부 학자들은 그림 속 여인이 조선 말기 최강의 막후 실력자였던 조대비라고 단정한다. 하지만 복식 전반이 대비나 왕후와는 분명히 거리가 있어 보인다. 실제 사진이 남아 있는 순종의 황후인 순정효황후와 영친왕의 친모인 순헌황귀비 엄씨 등 조선 황실 여인들의 화려한 차림과 비교하면 격이 한참 떨어지기 때문이다.

〈조대비 추정 초상〉은 19세기 후반 작품으로 판단된다. 고운 명주 바탕에 안면에 미세한 선으로 육리문을 구사해 입체감을 살린 점, 옷 주름의 사실적 묘사와 음영 표현 등의 화풍으로 미뤄보아 그렇다. 19세기에 오면 문인 초상들의 형식이 오히려 흐트러지는데 비해 매우 차분하고 꼼꼼한 인물의 전신을 담아내고 있다. 더구나 자신만만하게 버티고 앉아 있는 자세와 상대를 내리깔고 보는 눈매, 꼭 다문 입 모양에서 그녀의 품성과 지위가 만만찮았음을 짐작하게 한다. 초상화 속 인물의 신분은 사대부가의 여인이거나 궁중 소속이었다면 최고 상궁쯤 되지 않을까 추측할 뿐이다.

나라 구한 기생 계월향,
그녀는 무엇을 위해 목숨을 버렸나

계월향이여, 그대는 아리따웁고 무서운 최후의
미소를 거두지 아니한 채로 대지의 침대에 잠들었습니다. 나는
그대의 다정多情을 슬퍼하고, 그대의 무정無情을 사랑합니다. (중략)
그대의 붉은 한恨은 현란한 저녁놀이 되어서 하늘길을 가로막고
황량한 떨어지는 날을 돌이키고자 합니다. 그대의 푸른 근심은
드리고 드린 버들실이 되어서 꽃다운 무리를 뒤에 두고 운명의
길을 떠나는 저문 봄을 잡아매려 합니다. (후략)

― 만해 한용운 〈계월향에게〉 중에서

평양 기생 계월향桂月香(미상~1592)은 임진왜란 때 왜장을 껴안고
남강에 뛰어들어 죽은 논개와 더불어 2대 의기義妓로 불린다. 논개
가 순국한 사실을 두고서는 이론異論이 거의 없는 편이지만 계월향
의 죽음에 대해서는 다양한 의견이 제시된다.

1592년 임진왜란 당시 서울을 함락시킨 적장 고니시 유키나가
小西行長의 군대는 조선 침략 두 달 만인 6월 11일 평양성을 싸움 한
번 하지 않고 함락시킨다. 포로가 된 계월향은 고니시 유키나가의
친족이며 부장이었던 고니시 히小西飛의 진중에 있게 된다. 계월향
은 처음에 절개를 지키기 위해 죽으려고도 했지만 이를 포기하고

● 작자 미상, 〈의기 계월향 초상〉
1815년, 112×61.2㎝, 종이에 채색, 국립민속박물관

고니시 히의 애첩이 되었다.

계월향은 평양성의 무관이던 김응서(1564~1624)와 연인 관계였다. 그녀는 매일 평양성 서문 근처에서 적의 동태를 살피던 연인 김응서를 만나 비밀리에 내통했다. 그해 12월 드디어 이여송의 4만 3000명 대군이 도착하면서 조선과 명나라 연합군은 본격적인 평양 수복작전을 폈다. 앞서 7월 17일과 8월 1일, 조선과 명나라 군대는 성을 공격했으나 패배한 바 있어 적이 예상보다 훨씬 강하다는 사실을 알고 있었다. 대규모 반격을 앞둔 시점에서 계월향은 "난리 중에 헤어진 오빠인데, 같이 살도록 해 달라"고 청해 김응서를 성안으로 끌어들이는 데 성공한다. 그녀는 고니시 히에게 술을 먹여 깊은 잠에 빠지게 한 뒤 김응서를 방으로 불러들였고, 그는 고니시의 목을 단칼에 베어 버렸다. 김응서는 고니시 히의 목을 들고 탈출을 시도했지만, 계월향이 말을 타지 못해 시간이 지체되자 혼자 성 밖으로 나가고 뒤에 남은 계월향은 자결했다. 장수를 잃은 왜군은 대혼란에 빠지고 마침내 이듬해 1월 초 평양성은 수복됐다.

김응서는 천민 출신이었다. 신분의 한계를 극복하려는 의지가 강했던 그는 출신을 속인 채 무과에 급제해 감찰을 제수받았지만 이런 사실이 발각돼 곧 해임됐다. 그러나 임진왜란이 일어나고 군관이 절대적으로 부족해지면서 운 좋게 다시 기용되었고, 이후 수많은 전투에서 공을 세웠다. 천민 신분에도 불구하고 평안도방어사, 경상우도병마절도사 등 무관의 요직을 두루 섭렵했다.

유성룡이 쓴《징비록懲毖錄》에는 김응서가 이순신과 원균을 위기에 몰아넣은 장본인으로 묘사된다. 김응서는 일본과 강화협상 과정에서 최전방에서 일본군과의 교섭을 담당했다.《징비록》에 따르면 김응서는 일본 간첩을 통해 왜장 가토 기요마사加藤清正 군대가 한반도를 건너오는 경로를 입수해 조정에 전했다. 조정은 이 말을 믿고 이순신에게 진격 명령을 내렸지만, 이순신은 정보의 진위를 의심해 출격하지 않다가 처벌을 받고 백의종군하게 된다.《난중일기亂中日記》에서도 이순신은 자신을 사지로 몰아넣은 김응서에 비판적 인식을 드러낸다.

전쟁이 끝난 후 김응서는 김경서로 이름을 바꿨으며 종2품 포도대장에 올랐다. 광해군 즉위 후 명나라가 후금을 치기 위해 원병을 요청하자 평안도병마절도사 겸 부원수로 원수 강홍립과 함께 출전했다. 두 차례 전투 끝에 강홍립이 전군을 이끌고 후금 군대에 항복해 그 역시 포로가 됐다. 김응서는 비밀리에 적정敵情을 기록해 고국에 보내려다가 강홍립의 고발로 처형됐다. 그는 후일 우의정에 추증됐다.

'남南 논개, 북北 계월향'이라는 말이 있을 만큼 나라를 구한 기생으로 계월향을 높게 평가하지만 사실 김응서가 계월향을 이용한 측면이 있는 것으로 보인다. 옛 연인을 만난 기쁨도 잠시, 원수의 애첩이 됐다는 고백을 계월향에게서 들었을 때 김응서는 지조를 지키지 못한 그녀를 크게 원망했을 수도 있다.

일반적으로 계월향이 연인의 탈출을 돕기 위해 자살한 것으로 알려졌지만, 김응서가 서둘러 빠져나가기 위해 계월향을 죽였다는 설화도 전해온다. 〈계월향 초상〉은 그녀가 죽은 지 200년이 흐른 1815년 추모의 목적으로 제작돼 평양 장향각藏香閣에 봉안됐는데 일본 교토를 거쳐 국내로 반입됐다. 언제 일본으로 유출됐는지는 파악되지 않는다. 표정이 살아 있으며 자태가 곱고 세부 표현에 신경 써 10대 소녀처럼 앳된 모습이 잘 느껴진다. 그림 윗부분에 그녀와 관련된 일화가 자세히 적혀 있는데 여기에는 둘 다 성을 무사히 빠져나갈 수 없게 되자 계월향의 청으로 김응서가 칼을 뽑아 그녀를 죽였다고 기록돼 있다.

어쨌거나 김응서는 평양성 탈환에 기여한 공로로 출세 가도를 달린다. 계월향이 나라를 위해 목숨을 버린 의기였는지, 아니면 김응서가 출세욕에 눈이 어두워 연인을 저버렸는지는 알 수 없는 노릇이다. 분명한 것은 김응서가 이 전투를 계기로 평생 그를 괴롭혔던 천민 신분을 극복할 수 있었다는 사실이다.

가슴 속 넘치는
춘정을 담아, 미인도

'달걀형의 갸름한 얼굴, 작고 섬세한 이목구비, 가늘고 긴 목, 좁은 어깨…'

혜원 신윤복의 미인도는 조선 후기 미인도 중 최고 명작으로 손꼽힌다. 《무량수전 배흘림기둥에 기대서서》의 저자 최순우는 "염려艶麗(요염하고 아름다움)하고도 신선한 풍김은 바라보고 있으면 혜원이라는 작가가 그 수많은 풍속도를 그린 것이 어쩌면 이러한 본격적인 미인도를 그리기 위한 발돋움과도 같은 작업이 아니었나 싶을 만큼 이 미인도에서는 난숙한 느낌이 넘치고 있다"고 감탄했다. 초상화의 주인공은 기생이다. 이 여인은 어떤 연유로 초상화의 주인공이 됐을까. 그림 왼편에 적힌 제화시題畵詩에서 그 사연을 짐작할 수 있다.

盤薄胸中萬化春 筆端能言物傳神(반박흉중만화춘 필단능언물전신)

내 가슴 속에 춘정이 넘쳐나니
붓끝으로 겉모습과 함께 속마음까지 그려냈네.

신윤복, 〈미인도〉 (보물 제1973호)
18세기, 114×45.5㎝, 비단에 채색, 간송미술관

초상화 모델은 신윤복이 열렬히 사랑했던 여인이었다. 이를 볼때 신윤복이 여성일 수도 있다는 일각의 가설은 허구가 명백하다. 오늘날 조선을 대표하는 화가로 이름을 떨치고 있는 혜원은 사실 그가 살던 시대만 해도 그저 저잣거리를 전전하던 무명작가에 불과했다. 그의 행적을 알려주는 기록이 거의 없어 언제 태어났는지, 언제 사망했는지조차 파악되지 않는다.

다만 같은 시대를 살았던 성호 이익의 손자인 이구환은 신윤복을 "마치 속세를 떠난 사람 같으며 항간의 사람들과 어울려 동가식서가숙東家食西家宿하며 지낸다"고 묘사했다. 신윤복의 호 혜원은 '혜초정원蕙草庭園'을 줄인 말이다. 혜초는 콩과 식물로, 여름에 작은 꽃이 피는 평범한 풀이다. 스스로 이곳저곳 떠돌아다니는 처량한 신세를 빗댄 것이다.

혜원이 명성을 얻은 것은 근대에 와서다. 1902년 이후 한국에서 미술을 연구했던 세키노 다다시關野貞(1867~1935)가 그를 높게 평가했다. 그는 혜원의 그림을 두고 "시정촌락 풍속을 정묘하고 농염하게 그렸다"고 극찬했다.

신윤복은 양반층 풍류나 남녀 간 연애, 향락적인 생활을 주로 그렸다. 특히 남성 위주 사회에서 이전 화가들이 무관심했던 여인들 풍속을 화폭에 담았다. 조선 시대 가장 천한 신분에 속했던 기녀를 주인공으로 기방이나 여성에 관한 관심을 고도의 회화성으로 끌어올렸다.

그중 걸작품이 바로 〈미인도〉다. 그림 속 미인은 가체를 사용한 탐스러운 얹은머리에 젖가슴이 드러날 만큼 길이가 짧고 소매통이 팔뚝에 붙을 만큼 좁은 저고리를 입었으며, 속에 무지개 치마를 받쳐 입어 큰 치마가 풍만하게 부풀어 오른 차림새는 여체의 관능미를 유감없이 드러낸다. 쪽빛 큰 치마 밑으로 살짝 드러난 하얀 버선발과 왼쪽 겨드랑이 근처에서 흘러내린 두 가닥 주홍색 허리끈과 풀어헤친 진자주 옷고름은 야릇한 상상을 불러일으킨다.

혜원은 염모하던 여인 모습을 화폭에 담기 위해 모든 에너지를 쏟아부었던 게 분명하다. 그런데 여인의 자태는 곱지만 뭔가 모르게 자세가 불편해 보인다. 무표정한 얼굴에 손으로는 노리개만 만지작거린다. 신윤복은 여인을 열렬히 사랑했지만, 여인도 그러했는지는 알 수 없는 노릇이다.

이 그림은 현전하는 가장 오래된 미인도이기도 하다. 이후 혜원풍의 미인도가 크게 유행한다. 혜원풍 미인도는 여인 혼자 서 있는 전신상이며 일반 사대부 초상화와는 달리 배경 묘사가 모두 생략돼 있다.

1977년 동방화랑에서 개최된 '한국고서화명품선'에 또 다른 미인도가 한 폭 등장한다. 〈송수거사 미인도〉다. 다소 창백하며 희고 차가운 표정과 눈매, 손 처리 등에서 혜원의 미인도와 매우 흡사한 작품이다. 우상단 묵서가 적혀 있어 화가와 제작 시기를 추

● 송수거사, 〈미인도〉

1838년, 121.5 × 65.5㎝, 종이에 채색, 온양민속박물관

정해볼 수 있다. 제작 시기는 1838년으로 추정된다. 송수거사는 이인문(1745~미상)을 지칭하는 것으로 추정할 수 있지만, 이인문이 즐겨 그린 것은 풍속화나 진경산수보다는 정형산수가 주류를 이뤘기에 추측에 신빙성이 높지는 않다. 특히 그림에 화가가 이인문임을 표시하는 관인款印이 전혀 없는 것도 미심쩍다.

일제강점기 1100점에 이르는 방대한 우리 문화재를 끌어모은 오구라 다케노스케小倉武之助(1870~1964) 컬렉션에도 〈미인도〉가 들어 있다. 오구라 컬렉션이 1981년 7월 도쿄국립박물관에 기증되면서 이 〈미인도〉도 함께 박물관으로 넘어갔으며 1998년 호암갤러리에서 개최한 '조선후기국보전, 위대한 문화 유산을 찾아서'를 통해 국내에 첫선을 보였다. 1825년 3월 16일 그린 것으로 추정되는 이 〈미인도〉는 작자 미상이며, 전체적으로 화면 상태가 양호하지 못하다. 혜원풍이지만 자세, 옷, 안면 처리에서 혜원과 구별되며 얼굴도 큰 편이다. 인물의 오른손은 치마 뒤로 가려 보이지 않으며 왼손에는 배꽃이 쥐어져 있다. 미인의 얼굴은 수려하며 쌍꺼풀이 확인된다. 왼쪽에 '을유년삼월기망기소사乙酉年三月旣望寄所寫'라는 글씨가 있다.

고산 윤선도 집안인 해남 윤씨 종택 녹우당에도 〈미인도〉가 보관돼 있다. 혜원의 〈미인도〉에는 못 미치지만, 기량이나 격조 면에서 조선 후기 여타 미인도를 압도하는 수작이다. 1980년대 들어 존재가 알려지기 시작했으며 1998년 미국 뉴욕 메트로폴리탄박물관

1 작자 미상, 〈미인도〉 부분
    1825년, 전체 114×56.5㎝, 도쿄국립박물관

2 작자 미상, 〈미인도〉 부분
    19세기, 전체 117×49㎝, 해남 녹우당

한국실 개관 기념전 때 처음 소개됐다. 국보 제240호인 〈윤두서 자화상〉을 그린 윤두서의 작품이라는 견해가 있으며 그의 손자 윤용 (1708~1740)이 그렸다는 말도 있다. 조선 후기 미인도들은 시대 변화를 반영한다. 비록 매우 더디긴 했지만, 이 시기 신분질서는 변화하고 있었고 늘 그림자처럼 가려져 있던 여성들이 점차 사회 표면으로 부각되기 시작했다.

6부

얼굴 없는 위인들

얼굴 없는 세자는
과연 독살됐을까

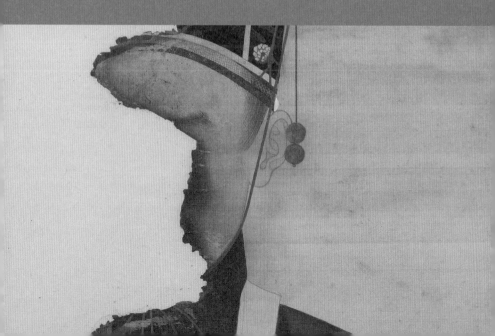

"내가 장차 누구를 원망하고 누구를 허물하며 어디에 의지하고 어디에 호소할까. 말을 하려고 하면 기운이 먼저 맺히고 생각을 하려고 하면 마음이 먼저 막히며 곡을 하려고 하면 소리가 먼저 목이 메니 천하와 고금에 혹시라도 국가를 소유하고서 나의 처지와 같은 자가 있겠는가. (중략) 지금 나의 슬픔은 너로 인한 슬픔일 뿐만이 아니다. 어질지 못하고 덕스럽지 못한 죄를 쌓아 나의 훌륭한 자식을 잘 보전하지 못하여 400년의 종묘사직이 위태로워졌지만 어떻게 할 수 없음을 슬퍼하는 것이니 오히려 다시 무슨 말을 하겠는가. 슬프고 슬프다. 아! 애통하도다." 아들의 죽음 앞에서 조선 23대 왕 순조는 황망히 통곡했다.

1830년(순조 30) 4월 22일 순조의 유일한 아들 효명세자(1809~1830)가 갑자기 피를 토하며 쓰러져 인사불성이 된다. 3년 전 건강이 악화한 아버지의 명을 받아 대리청정하면서 과로가 누적된 탓이다. 어의들이 10여 종의 약을 긴급 처방해 투약했지만, 오히려 병세는 더 깊어졌다.

다음날 불길한 전조마저 발생했다. 실록은 "23일 이경(밤 9~11시)에 유성이 하늘 가운데서 나와 남방으로 들어갔다. 한 말 크기에 꼬리의 길이가 3~4척이며 붉은빛이 땅에 비치고 소리가 은은했

〈효명세자(문조) 어진〉
1826년, 148.6 × 45.2cm, 비단에 채색, 국립고궁박물관
1954년 화재로 얼굴을 포함해 절반 이상이 불탔다.

다"라고 전한다.

다급해진 순조는 종묘와 사직, 경모궁(사도세자 사당)은 물론 산천山川에 날짜를 가리지 말고 세자의 쾌유를 비는 기도를 하도록 독촉했다. 그러나 이 같은 노력이 무색하게도 왕실의 기대를 한 몸에 받던 세자는 쓰러진 지 14일 만에 창덕궁 희정당에서 훙서한다. 22세의 아까운 나이였다.

우리는 효명세자를 조정의 권력을 장악하고 있던 안동 김씨를 몰아내려다가 그들에 의해 독살된 비운의 인물로 받아들인다. 대리청정을 펼치는 동안 어진 인재를 두루 등용하고 백성을 위한 정책을 펴려고 했던 효명세자, 그가 일찍 죽지 않고 살아남아 오랫동안 통치했더라면, 우리의 역사도 달리 쓰였을까.

드라마의 주인공으로 대중의 주목을 받기도 했던 효명세자는 1809년 순조의 2남 4녀 중 장남으로 태어났다. 어머니는 안동 김씨 김조순의 딸인 순원왕후 김씨이다. 같은 어머니에서 남자 동생이 태어나기는 했지만, 출생과 동시에 사망해 효명세자는 장남인 동시에 독자였다. 왕비 소생의 원자 출생은 숙종 이후 150년 만에 처음 있는 일이었다. 완벽한 정통성을 가진 만큼 아버지를 비롯한 왕실의 기쁨은 그 무엇보다 컸다. 모든 절차도 순조롭게 진행돼 4세 때 왕세자로 책봉된 데 이어, 9세 때 성균관에 입학했으며 11세에 성년식을 거행하고 풍양 조씨 조만영의 딸을 세자빈(신정왕후)으로 맞았다.

효명세자는 아버지를 비롯한 왕실의 기대를 저버리지 않고 어려서부터 매우 뛰어난 자질을 보였다. 순조는 세자를 두고 "청명하고 수미秀美한 자질과 길선吉善하고 상화祥和한 기질은 하늘에서 태어나게 한 바가 쉽지 않다"라고 하기도 했다.

효명세자의 문학과 예술적 재능은 특히 두드러졌다. 그는 짧은 삶을 사는 동안에도 400편이 훨씬 넘는 시를 지었다. 《경헌시초敬軒詩抄》,《학석집鶴石集》,《담여헌시집談如軒詩集》,《경헌집敬軒集》 등 다수의 문집도 남겼다. 궁중무용인 정재무呈才舞에 깊은 관심을 보여 조선 말까지 전해지는 53수의 정재무 중 절반인 26수를 직접 창작하기도 했다.

효명세자는 어릴 때부터 소수 명문가가 정치 질서를 주도하는 것을 목격하면서 자랐다. 따라서 1827년 19세가 된 효명세자는 대리청정을 시작하며 왕실의 위엄을 회복하려고 시도했다. 권력의 핵심인 비변사와 규장각을 장악하고 측근세력을 정치 일선에 배치했다. 민심 파악, 군권 강화와 각종 부정·비리 척결에도 노력했다. 보다 근원적으로는 예악禮樂정치에 심혈을 기울인다. 효명세자는 대리청정하는 3년 동안 매년 대규모 궁중 연향(연회)를 연다. 첫 해 순조의 존호를 올리는 자경전 진작정례의에 이어, 이듬해 어머니 순원왕후의 40세 생일을 기념하는 무자진작의, 그리고 대리청정 3년째 해에는 순조의 등극 30년과 탄신 40주년을 기념하는 기축진찬의를 개최한다. 효명세자는 궁중 연향을 기획하면서 연향에

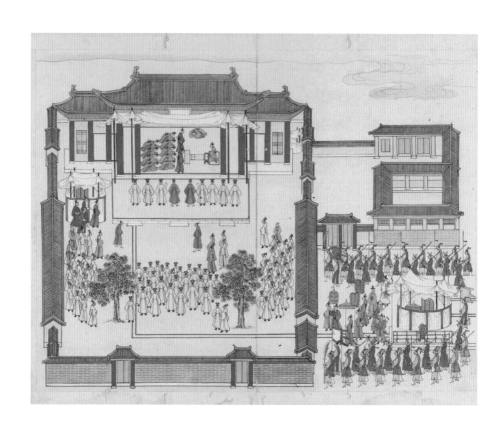

● 〈효명세자 9세 성균관 입학도〉
1817년, 37.5 × 24cm, 국립고궁박물관

쓰이는 정재무도 대대적으로 정비하게 된다. 정재무는 악樂, 가歌, 무舞를 정교하게 결합한 예술적 총체로, 병자호란 이후 거의 유실 됐던 궁중의식 공연이었다.

동양에서 예악은 문화와 예술로 백성을 깨우치는 교화의 수단 으로 인식됐다. 부모를 위한 궁중 연향은 효심의 발로인 동시에 효 와 함께 유교의 근본인 예악을 중시하는 덕망 있는 군주의 존재를 과시하는 것이었고, 이는 물론 왕권을 높이려는 정치적 포석을 깔 고 있었다.

일각에서는 효명세자가 각혈하고 죽었다는 점에서 집권 안동 김씨 세력에 의한 독살설을 제기하기도 한다. 그러나 효명세자는 그들과 전혀 대립하지 않았다. 그의 통치 기간에도 안동 김씨는 계 속 요직을 장악했다. 외삼촌인 김유근이 탄핵받자 효명세자는 그 를 비호하기도 했다. 외조부인 김조순은 세자의 마지막을 지켰다. 어머니인 순원왕후가 자신의 집안이 아들을 제거하는 것을 놔둘 리도 만무하다. 세자는 과중한 업무로 건강을 해쳤다. 어의들이 처 방한 약재도 자음강화탕滋陰降火湯 등 결핵에 쓰는 것들이었다.

현재 국립고궁박물관이 효명세자의 어진을 보관하고 있지만, 우리는 그의 얼굴을 알 수 없다. 어진은 한국전쟁을 피해 부산으로 피난을 갔었는데, 1954년 겨울에 대화재가 발생해 안타깝게도 얼 굴 부분을 포함해 어진의 절반 이상이 불타 버렸다.

효명세자가 단명한 후 왕권을 강화하기 위한 그의 노력도 물거품이 되면서 본격적으로 세도 정치가 도래한다. 효명세자가 살아 남아 왕위에 올랐다면 조선의 운명도 바뀌었을까. 그러나 개혁 군 주라는 정조가 성리학 근본주의에 집착하면서 퇴보했듯, 이상적 유교 국가를 지향했던 효명세자 역시 조선의 근원적 병폐를 치유 하기엔 역부족이지 않았을까.

〈정약용선생초상〉은
다산의 진짜 얼굴일까

다산 정약용(1762~1836)은 모두 500여 권에 이르는 방대한 저술을 통해 18세기 실학사상을 집대성한 인물이다. 정치, 경제, 사회, 문화 등 여러 방면에서 개혁과 개방 사상을 제시하면서 파탄에 이른 조선의 부국강병을 주장했다. 오늘날 한국 최대의 실학자이자 개혁가로 평가받는 다산이지만 사실 당대 그의 영향력은 그리 크지 않았다. 성균관 유생 시절부터 정조의 총애를 받았으나 그가 관직에 머물렀던 기간은 28세 때 대과에 급제한 이래 정조가 승하하기까지 불과 10년 남짓에 불과했다.

이후 18년에 걸친 오랜 유배 생활 과정에서 국가개혁 사상이 집대성된 《경세유표經世遺表》, 목민관이 지켜야 할 지침을 밝힌 《목민심서牧民心書》, 형법서인 《흠흠신서欽欽新書》 등 숱한 명저들을 남겼지만, 그가 살던 시절 이 책을 읽은 사람은 매우 드물었다. 다산은 경기도 광주군 초부면 마현리, 현재의 남양주시 조안면 능내리 팔당댐 인근에서 진주목사를 지낸 정재원의 넷째 아들로 태어났다. 다산은 4세에 이미 천자문을 익혔고 7세에 한시를 지었으며, 10세 이전에 이미 자작시를 모아 《삼미집三眉集》을 편찬했다. 다산은 7세에 천연두를 앓았는데 그 자국이 남아 오른쪽 눈썹이 셋으로 나누어져 큰 형 정약현이 그를 '삼미三眉'라고 불렀다.

丁若鏞先生肖像

實事求是創始
牧民經世大聖

● 작자 미상, 〈정약용선생초상〉
19세기, 91.5×53.5㎝, 종이에 채색, 개인소장

22세에 초시에 합격했고 28세에 대과에서 을과(3등급 중 2등급)로 합격해 벼슬길로 나갔다. 가주서, 지평, 교리, 부승지, 참의 등을 역임하면서 관직에서 승승장구했고 주교사舟橋司의 배다리 설계, 수원성제와 기중가起重架 설계 등의 업적을 남겼다.

그러나 강력한 후견인이던 정조의 죽음은 그를 한순간에 고난으로 내몰았다. 20대 초반 서학西學에 심취했던 이력이 빌미가 돼 기나긴 유배 생활에 올라야 했다. 유배지인 강진에 도착해 처음 머무른 곳은 동문 밖 주막에 딸린 작은 방이었다. 이후 고성사高聲寺 등을 전전하면서 예학 연구에 전념했으며 1808년 귤동의 '다산초당'에 자리 잡으면서 1000여 권의 서적을 쌓아 놓고 본격적으로 유교 경전을 연구했다. 정약용이 유배에서 풀려나 고향인 마현으로 돌아온 것은 1818년 가을, 그의 나이 57세 때였다. 그 뒤로 1836년 75세의 나이로 세상을 뜰 때까지 정약용은 마현에서 자신의 학문을 마무리해 실학사상을 완성했다. 아들 정학연은 부친의 대표 저술을 엮은 《여유당집與猶堂輯》의 교열을 추사 김정희에게 부탁했으며, 정약용이 세상을 떠난 지 50년 만인 1883년(고종 20) 드디어 왕명에 따라 《여유당집》이 전사轉寫돼 규장각에 수장됐다.

다산의 진본 초상화는 남아있지 않다. 충무공 이순신 영정을 그렸던 원전 정우성의 다산 초상화가 1974년에 표준영정으로 지정되었지만, 이 영정은 진본 초상화에 근거하지 않은 작가의 창작품이다.

김호석, 〈다산 정약용 선생 초상〉
2009년, 178×96cm, 강진군청

　　한때 정약용의 노년기 모습을 그린 전신상이 공개돼 비상한 관심을 끈 바 있다. 문화재 수집가 이원기 씨가 발견한 초상화다. 세로 91.5cm, 가로 53.5cm 크기의 그림에는 '정약용선생초상丁若鏞先生肖像'이라는 제명과 '실사구시창시 목민경세대성實事求是創始 牧民經世大聖'이란 글자가 적혀 있다. 낙관이 없어 화가가 누군지 알 수 없다. 일찍부터 유배 생활을 했기 때문에 그의 생전에 초상화가 그려졌을 가능성이 크지 않지만, 그의 아들, 그리고 양반 제자 18명과 중인 제자 6명 등이 다신계茶信契를 조직했었고 수많은 제자가 존재했

● 이희영,〈정약종 초상〉부분
18세기, 전체 61.5×29㎝, 종이에 채색,
한국기독교박물관

던 만큼 제자들이 스승의 영정을 제작했을 수도 있다.

180여 년 전에 그려진 것으로 추정된 이 초상화 속에서 다산은 동파관東坡冠을 쓰고 도포를 입은 평상복 차림으로 정좌해 있다. 안광眼光이 빛나는 눈매, 각진 광대뼈와 단아한 모습에서 청정한 선비 정신이 고스란히 묻어난다는 평가를 받았다. 이 초상화는 초상화 사전에 수록되고 국립중앙박물관에 전시된 이후 많은 학술서와 일반 서적에도 진본 영정으로 인용되기도 했다. 하지만 그와 동시에 진위 논란도 불거졌다.

다산의 현손인 정규영이 1921년 편찬한《사암선생연보俟菴先生年譜》에 다산의 외모에 대한 기록이 나온다. "다산의 얼굴 모양과 수염이 대부분 공재 윤두서의 모습을 닮았다. 다산이 항상 말하기를 '나의 정신이나 모습 대부분 외가에서 받았다'고 했다"는 구절이 있다. 윤두서는 다산의 외증조로 눈매가 부리부리하고 안면 전체가 두툼하고 둥근 얼굴을 하고 있다(《윤두서 자화상》(국보 제240호), 61쪽 참조). 무엇보다 풍성한 구레나룻이 얼굴 전체를 뒤덮고 있다. 하지만 다산 초상화는 수염이 드물고 얼굴도 길면서 모가 난 형상이다. 오른쪽 눈썹에 있었다는 천연두 흔적도 발견되지 않는다.

인물 좌우 양쪽에 쓴 글씨도 혼란을 불러일으킨다. 초상화에는 '정약용선생'이라고 적혀 있는데, 한문으로 기록된 옛 서적에서 성명만을 적은 예는 찾아보기 힘들다. 반드시 호와 함께 정다산약용, 다산선생, 정 다산선생, 혹은 다산정선생으로만 썼다. 초상화라는 단어도 20세기 이후 근래에 유행한 용어이다. 조선 시대에는 초상화를 일컬어 진眞, 영影, 상像, 진영眞影, 진상眞像, 사진寫眞 등으로 다양하게 표현했지만 '초상肖像'이라고 표현했던 예는 없다.

창시創始와 대성大聖이라는 글자도 현대식 표기법이다. 학계에서는 모든 정황으로 미뤄 일제강점기보다 훨씬 후대에 이 초상화가 제작됐을 것으로 짐작한다.

다산이 유배를 살았던 지역인 전남 강진군은 다산 현창사업을 추진하면서 2009년 각종 문헌과 다산의 직계후손 네 명의 인상을 참고해 새로운 영정을 제작해 발표했다. 영정은 방대한 독서량과 저술로 인해 시력이 많이 약화되었다는 기록에 근거해 돋보기안경을 낀 모습이며 눈썹이 세 갈래로 갈라진 흔적도 표시됐다.

한편 한국기독교박물관에 보관된 정약용의 친형으로 신유박해

때 순교한 정약종(1760~1801)의 영정은 전형적인 선비의 인상이며
문제의 〈정약용선생 초상〉과 분위기가 비슷하다. 과연 〈정약용선
생 초상〉은 누구의 얼굴일까?

위대한 영웅
충무공의 사라진 얼굴

우리는 흔히 충무공의 얼굴로 월전 장우성 화백이 그린 이순신 장군 표준영정 속 모습을 떠올린다. 근엄하면서도 온화함을 갖춘 모습이다. 백 원짜리 동전의 충무공 영정도 이를 바탕으로 그려졌다. 그러나 이 영정은 충무공의 진짜 얼굴과는 전혀 무관한 작가의 상상화에 불과하다.

목숨 던져 나라를 위기에서 구한 충무공 이순신(1545~1598)은 숱한 위인들 중 유일하게 '성웅聖雄'이라는 칭호가 붙는 인물이다. 한국사의 위대한 인물을 꼽을 때 늘 빠지지 않는 충무공은 임진왜란에서 빛나는 공을 세워 사후 6년 권율, 원균과 함께 선무 1등 공신에 올랐다. 비록 사후이기는 했지만, 공신책록과 함께 초상화가 제작됐을 것이다. 특히 그를 기리는 사당이 여러 곳에 세워졌던 점을 고려하면 이순신의 초상화가 존재했을 개연성은 매우 크다. 그러나 현재 그의 영정은 남아있지 않다.

여러 문헌에 따르면 충무공의 영정은 서거 후 민간에서 그려져 다수가 전해 내려왔던 것으로 확인된다. 일제강점기까지만 해도 아산 현충사를 비롯해 통영 제승당, 여수 충민사, 역시 여수 소재 장군의 영당인 해신당 등 네 곳 이상의 이순신 장군 사당에 오래된 초상화가 걸려 있었던 것으로 파악된다. 그러나 이후 국외 반

● 장우성, 〈이순신 영정〉(표준영정)
1953년, 193×113㎝, 비단에 채색, 아산 현충사

출 및 국내 행방불명으로 모두 사라졌고, 일본에 의해 의도적으로 훼손됐다는 주장도 일각에서 제기된다.

1960년대 문교부에서는 여수 영당에 전해 내려왔던 이순신 장군 초상화가 가장 적합하다고 판단하여 그것으로 이순신 진영을 통일했다.

조선 말 여수 군수를 지냈던 오횡묵이 영당에 제사를 올리면서 쓴 제문에는 "당머리에 영정을 모셔 놓았다. 임진왜란 후 당을 앞바다에다 세워 놓으니 지나는 배들이 축원하고 갔다"고 적혀 있다. 문교부는 제주시장 김차봉이 여수경찰서 고등계 형사 재직시절 영정을 가져간 것으로 추적하고 확인했는데, 그는 영정을 골동품점에 팔았다고 진술했다.

여수 충민사에도 이순신 장군의 전래 초상화가 존재했지만 사라져 버렸다. 충민사는 1601년 왕명으로 세워졌다. 이순신 장군과 같은 배를 탔던 승군 출신의 옥형 스님이 사당 곁에 암자를 짓고 매년 제사를 지냈다는 일화가 전해진다. 〈조선일보〉 1929년 4월 17일 기사에는 충민사 영정의 사진과 함께 "충민사에 봉안한 영정을 찍은 것"이라는 설명이 덧붙여져 있다.

통영 한산도 제승당에도 장군의 영정이 있었지만 감쪽같이 자취를 감췄다. 1928년 4월 28일 자 〈조선일보〉는 "제승당에 봉안된 진영은 누가 가져갔으며 남은 그림은 모사가 잘 되지 못한 것"이라고 보도했다. 1928년 7월 5일 자 〈동아일보〉에도 동일한 영정이

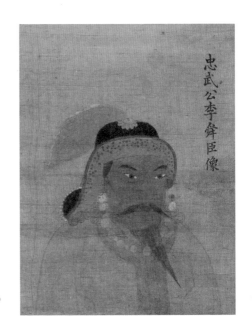

忠武公李舜臣像

작자 미상, 〈충무공 이순신 상〉
조선 시대, 28×22cm, 동아대학교박물관

게재됐다. 《충무공유적사진첩》이라는 책에는 제승당에서 1606년부터 충무공 영정을 모셔왔다고 기록돼 있다.

아산 현충사에도 전래 초상화가 있었던 것으로 알려져 있다. 아산 현충사 봉안 영정과 충민사 영정은 같은 것이라는 기록이 일부 남아있다.

일제강점기 이후에는 유명 화가들이 자료를 참고해 충무공 영정을 제작했다. 간송미술관 소장 1918년 작 〈한산 충무〉의 작가 안중식 화백은 이순신 장군 영정을 그리기 위해 한산도를 직접 방문했다. 1932년 현충사를 중건할 때 초상화를 그린 이상범 화백 역시 여수와 통영, 한산도 등지를 답사했다. 이 화백은 "충무공 영정을 물색했지만 신통한 것이 없었다. 할 수 없이 한산도 제승당의 영정을 사본해 왔고 통영, 여수 사당에 모신 영정도 몇 점 봤다"라며 당대 전래 되어 오던 다양한 초상화를 바탕으로 새롭게 그렸음을 털어놨다. 안 화백과 이 화백의 그림은 모본이 같아서인지 느낌이 유사하다.

동아대학교박물관이 소장한 〈충무공 이순신 상〉은 살이 찌고 수염이 많은 전형적인 무인의 얼굴인데, 현존하는 충무공 영정 중 가장 오래된 것으로 평가받는다. 동아대 정재환 초대 총장이 1958년 4월 16일에 구입했으며, 판매자는 기록돼 있지 않다. 판매자는 임진왜란 직후 이순신을 따라 종군했던 한 승려가 그린 그림이라는 말을 전했다고 한다. 이 초상화는 조선 말에 모사된 것으로 추정된다.

충무공과 같은 시기에 살았던 사람들의 인물평은 이순신 장군의 용모를 추론할 수 있는 매우 유용한 자료다. 충무공과 어린 시절부터 남다른 친분을 유지했던 서애 유성룡은 "공의 얼굴은 아담하여 수양 근신하는 선비와 같지만 마음속에 담력이 있고 웃음이 적었다"라고 서술했다. 동아대학교박물관이 가진 무인상의 영정과는 전혀 상반되는 평가다. 충무공 이순신의 용모와 관련해 한층 구체적인 언급이 있다. 삼가현三嘉縣(오늘날 합천군)의 현령 고상안 (1553~1623)은 전쟁 중이던 1594년 한산도에서 개최된 수군 선발시험에 참시관으로 참가하면서 보름가량 이순신과 함께 지냈었다.

작자 미상, 〈이봉상 초상〉 부분
18세기, 전체 80×50.5㎝, 비단에 채색,
교토대학교박물관

고상안은 자신의 문집에서 이때를 떠올리며 "동갑인 이순신 통제사와 함께 여러 날을 생활해 보았는데 말솜씨와 지혜는 난리를 평정할 만한 재주를 가졌지만, 얼굴이 풍만하거나 후덕하지 못하고 관상으로 볼 때도 입술이 뒤집혀 복을 갖추지 못한 장수라고 생각했다"라고 적었다.

고상안의 문집은 이순신 사후의 기록이다. 따라서 충무공의 관상과 운명을 억지로 끼워 맞춘 것으로 보인다. 충무공에 대한 유성룡과 고상안의 인물평은 다르지만 모두 '얼굴에 살집이 많지 않다'

는 공통점이 있다.

두 사람의 묘사와 장군의 5대손 이봉상(1676~1728)의 영정 속 풍모가 매우 흡사해 관심을 끈다. 이봉상은 1728년(영조 4) 발생한 이인좌의 난 때 반란군에 의해 피살됐다. 충청도 병마절도사로서 충주를 지키던 이봉상은 반란군에게 기습을 받아 싸우다가 한쪽 팔이 잘려 결국 붙잡혔다. 반란군이 "같은 편이 되면 살려 주겠다"고 회유했지만, 이봉상은 "충무공의 후손으로서 있을 수 없는 일"이라며 거부하고 기꺼이 죽음을 맞았다.

이봉상은 고상안이 언급한 것처럼 얼굴이 야위었으며 입술도 뒤집혀있다. 그와 동시에 유성룡의 얘기대로 웃음이 적고 수양 근신하는 선비의 얼굴도 하고 있다. 이봉상의 초상화는 일본 교토대학교 박물관이 소장하고 있다. 충무공의 7대손이자 이봉상의 손자 이달해의 초상도 전한다. 웃음기 없는 인상이 유사하다.

일본 사무라이 모습의
퇴계 이황

"퇴계는 어느 정도 인물인가." 1568년 갓 즉위한 선조는 고봉 기대승(1527~1572)에게 이렇게 물었다. 기대승은 "견문이 높지만 자기 의견을 주장하지 않고 젊은 사람 말이라도 반드시 반복해 생각합니다. 글은 조금의 고집이나 막힘이 없고 정자와 주자를 독실하게 믿어 공부가 지극히 순수합니다. 우리나라에서 이만한 사람이 있겠습니까"라고 아뢰었다.

이 말을 전해 들은 퇴계 이황(1501~1570)은 좋아하기는커녕 오히려 몹시 당황하며 기대승에게 편지를 쓴다. "놀라 식은땀이 흐르고 어찌할 바를 몰라 밤새 잠을 이루지 못하였습니다. 평소 서로가 왕래하며 사귀는 것을 사람들이 이상하다 여기는데 이런 행동을 했으니 누가 그대 말을 공정하다고 믿겠습니까." 기대승은 "감히 과장된 말은 하지 않았고 제 소견을 임금께 올렸을 뿐"이라며 오해를 풀기 위해 찾아가겠다는 뜻을 전달했다. 퇴계는 이에 "방문은 일에 아무 도움도 되지 않고 오히려 남들 입에만 더 오를 터이니 올 필요가 없습니다"라고 거절했다.

'조선 주자학의 스승'으로 일컬어지는 고봉 기대승은 조선 선비들이 흠모하는 대상이었다. 학문에서 감히 그를 따라올 사람도 없었지만, 그 스스로 뛰어난 재주를 감추려 하지 않아 적들도 많았

이유태, 〈퇴계 이황 초상화〉 (표준영정) ●
1974년, 120×84cm, 한국은행

다. 그런 고봉조차도 존경해 마지않은 사람이 있었으니 그가 바로
퇴계다. 조선에 명유名儒가 무수하지만 문장과 인품 모두에서 퇴계
를 따라오는 인물을 찾기 어렵다. 학문에서 동방의 일인자로 추앙
받았으면서도 자신을 한없이 낮췄던 퇴계는 당파를 가리지 않고
널리 존경받았다.

퇴계는 43세의 비교적 늦은 나이에 주자학에 심취했다. 그는 조정에서 《주자대전》을 교정하는 일을 맡으면서 본격적인 《주자대전》 연구에 몰입했다. 그리고 《주자대전》을 읽고 연구한 지 13년 만인 56세에 그 핵심 내용을 발췌·편집해 《주자서절요朱子書節要》를 펴낸다. 조선 주자학은 이 책에서 비롯됐다고 해도 과언이 아니다. 국내에서 여덟 차례 활자와 목판으로 발간됐고 일본에서도 네 차례나 목판본으로 간행됐다. 일본 제일의 성리학자 야마자키 안사이山崎闇齋(1618~1682)도 승려였지만 이 책을 읽고 감동해 과감히 승복을 벗어 던졌다고 한다.

그러나 안타깝게도 한국사를 통틀어 가장 위대한 현인의 초상화가 오늘날 전해지지 않는다. 현초 이유태 화백이 그려 1974년 표준영정으로 지정된 천 원권 지폐 속 퇴계 초상은 그저 작가의 상상화일 뿐이다. 퇴계 생존 당시 또는 별세 직후 그의 초상화가 제작됐는지는 현재 파악되지 않는다. 다만 당대에는 신위神位를 중요하게 여겼다. 주인공을 똑같이 묘사하지 못할 바에야 신위를 모시는 게 더 낫다는 인식이 팽배했다. 따라서 대스승인 퇴계의 초상화가 만들어졌을 가능성은 크지 않아 보인다.

하지만 생전에 철상은 제조된 것으로 알려져 있다. 퇴계는 풍기군수 재직 당시 백운동서원에서 많은 제자를 길렀다. 제자 중에는 야공(대장장이)이었던 '배순'이라는 인물도 있었다. 퇴계가 풍기군수를 그만두자 배순은 스승의 철상을 주조해 아침저녁으로 분향

작자 미상,
〈퇴계 이황 초상화〉
1934년 발간,
《일본의 교육
정신과 이퇴계》수록

했다. 퇴계가 세상을 떠나자 배순은 삼년복을 입었으며 철상을 모시고 제사도 지냈다고 한다. 그러나 이 철상은 아쉽게도 전해지지 않는다.

현존하는 퇴계 초상화 중 가장 오래된 것은 최재목 영남대 철학과 교수가 발견해 공개한 일제강점기 경성부인과병원장 구도 다케조工藤武城 소장 초상화이다. 초상화는 1934년 9월 18일 발간된 《일본의 교육정신과 이퇴계》라는 책에 수록됐다. 이 책 머리말은

"경성부인과 병원장인 구도 다케조 씨는 박학다취미하여 이퇴계에 대해서도 조예가 깊고 (중략) 사진은 구도 씨가 소장한 것을 촬영한 것"이라고 밝히고 있다.

일본에 전파된 퇴계의 학문은 '퇴계학통'을 만드는데, 그 중심에 구마모토熊本學派 학파의 오스카 다이야大塚退野(1678~1750)라는 사람이 있었다. 그런데 놀랍게도 구도의 아버지가 이 오스카 학파의 제자이며 구도 역시 오스카 집안 후손들과 깊게 교류했다. 퇴계와 그의 학문을 흠모했던 그들이 퇴계의 진본 초상화를 구해서 소장하고 있었던 것은 아닐까. 하지만 구도의 초상화 속 퇴계는 지나치게 엄격하고 강직한 부분만 강조돼 있어 마치 사무라이처럼 느껴진다. 그래서 일본이 그들의 사상사에 거대한 영향을 끼친 퇴계를 통해 내선일체內鮮一體를 합리화할 목적으로 퇴계의 상에 사무라이 이미지를 투영한 것이라는 추측이 제기된다.

그의 용모를 추측할 수 있는 문헌 등 관련 자료는 일부 남아있다. 퇴계선생 언행집에서 제자들은 그를 "성격이 온후하고 인자해 가까이 하면 훈풍을 대하는 듯하다"라고 평가하고 있다. 퇴계의 벗 금호 임형수는 퇴계를 '대나무와 맑은 물'에 비유했다.

또한, 퇴계 얼굴을 유추할 수 있는 그림도 있다. 바로 그의 숙부인 이우(1469~1517)의 초상화다. 이우는 퇴계 집안에서 배출한 걸출한 인물 중 한 명이다. 연산군 4년(1498) 문과에 병과(3등급 중 3등급)로 급제해 벼슬이 당상관에 이르렀다. 퇴계는 12세 때부터

작자 미상, 〈이우 초상〉 부분
16세기, 전체 167.5 × 105㎝,
한국국학진흥원 (진성이씨 송당종택 기탁)

이우에게서 글을 배우기도 했다. 이우의 초상화는 42세 때 강원도 관찰사에 재직하면서 선정을 베풀어 왕명으로 제작됐다. 그러나 이우 초상화와 앞에서 언급한 구도 다케조가 소장한 초상화는 전혀 닮지 않았다.

"(퇴계)선생은 이마가 두툼하고 넓었다. 송재(이우)가 매우 아껴서 이름 대신 항상 '광상(넓은 이마)'이라고 불렀다." 《퇴계언행록》에서 퇴계의 손자 이안도(1541~1584)가 퇴계의 모습을 묘사하는 글이다. 퇴계의 얼굴이 그다지 갸름하지는 않았다는 것이다. 초상화 속 이우 또한 부드러운 인상에 다소 살집이 있는 얼굴을 하고 있다. 풍만한 이미지의 이우와 퇴계는 느낌이 비슷하지 않았을까.

뒤주에서 죽은 사도세자는
사이코패스였다

'사도세자(1735~1762)는 과연 '정치적 희생양'인가.' 우리는 사도세자를 노론의 음모로 죽임을 당한 비운의 인물로 인식해왔다. 그러나 정말 그럴까.

사도세자는 남인, 소론, 소북 세력과 가까이 지내면서 집권 노론의 견제를 받았고, 결국 그들의 음모로 죽임을 당한다. 노론은 자신들을 멀리하는 세자에게 불안감을 느끼고 영조의 계비인 정순왕후 김씨, 영조가 총애하던 숙의 문씨 등과 공모하여 왕에게 자주 세자의 비행을 고해바쳤다. 점차 영조가 세자를 불러 꾸짖는 일이 잦아졌고, 아들은 그런 아버지에게 두려움을 느꼈다. 세자는 자신을 아끼던 정성왕후(영조비)와 인원왕후(숙종의 계비)가 잇달아 세상을 떠나고 조정에서 강경 노론이 득세하자 극심한 신경증과 우울증 등 정신병에 시달렸다. 결국, 영조는 그런 아들을 죽이는 결정을 내린다. 여기까지가 우리에게 익숙한 사도세자 이야기다.

그러나 사도세자의 부인이었던 혜경궁 홍씨(1735~1815)는 자신의 저서 《한중록》에서 조금 다른 이야기를 한다. 혜경궁 홍씨는 홍봉한의 딸로, 10세 때 동갑인 사도세자와 가례를 올렸고 사도세자와의 사이에서 정조를 포함해 2남 2녀를 뒀다. 남편이 뒤주에서

● 조석진·채용신, 〈영조임금 어진〉 (보물 제932호)
1900년, 110.5×61.8㎝, 비단에 채색, 국립고궁박물관

비참한 죽음을 맞이할 때 그녀의 나이는 28세였다. 《한중록》은 혜경궁이 61세부터 72세까지 쓴 책으로, '나의 일생', '내 남편 사도세자', '친청을 위한 변명' 등 세 차례에 걸친 회고를 묶은 것이다.

혜경궁 홍씨의 아들 정조가 죽고 손자 순조가 즉위한 후, 사도세자의 죽음을 둘러싼 논란이 불거진다. 사도세자에게는 병환이 없었는데도 영조가 그를 헐뜯는 말을 믿고 과한 행동을 했다는 것이었다. 그러나 혜경궁 홍씨는 《한중록》에서 비극적 사건이 초래된 근본적인 원인은 사도세자에게 있었음을 분명히 한다. "후대의 사람들이 이러쿵저러쿵하는데 누가 그 사건을 나만큼 잘 알까. (중략) 사도세자가 병환으로 천성을 잃어 스스로 하는 일을 몰랐다. 영조가 사도세자에게 한 일에 터럭만 한 과실조차 있다 할 것인가."

영조 38년(1762) 임오화변(사도세자가 뒤주에 갇혀 죽은 사건)의 단초가 된 사도세자의 정신병은 아들을 '호학군주'로 키우려던 영조의 과욕이 불러온 것으로 알려져 있다. 하지만 혜경궁은 다른 요인을 제시한다. 사도세자는 어릴 적부터 공부보다는 유희를 즐기고 활쏘기와 칼 쓰기, 기예에 집중했다. 그림 그리기로 날을 보냈으며 딱딱한 경전을 멀리하고 기도나 주문서, 잡서를 좋아했다. 그러던 어느 날 세자는 〈옥추경玉樞經(귀신을 부리는 주문)〉을 읽기 시작하면서 정신이상 증세를 보인다. 밤마다 옥추경을 읽던 세자는 뇌성보화천존雷聲普化天尊(천둥을 주관하는 신)이 보인다며 "무서워, 무

● 사도세자, 〈개 그림〉

국립고궁박물관 소장. 사도세자는 그림 그리기를 즐겼다고 전해진다.
위는 현전하는 유일한 사도세자의 그림이다. 큰 개를 따르는 강아지를
그린 이 그림을 통해 사도세자가 아버지를 그리워하는 심정을 표현했다
고 해석하기도 한다.

서워!"라고 하며 덜덜 떨었다고 한다. 그때부터 세자는 천둥이 칠 때마다 귀를 막고 엎드려 두려워했다. 혜경궁 홍씨는 "영조 28년 (1752) 겨울에 그 증상이 나셔서 놀라 가슴이 두근거리는 증세를 자주 보이셨다. 영조 30년(1754) 이후 점점 고질병이 되었으니 그저 〈옥추경〉이 원수"라고 원망했다.

세자의 병환은 스펀지에 물이 번지듯 빠르게 깊어졌다. 영조에게 문안 인사도 건너뛰기 일쑤였고 수업을 받지 못하는 날도 많아졌다. 갈수록 영조의 질책이 잦아지면서 아버지에 대한 사도세자의 두려움은 공포 수준이 됐다. 사실 영조도 편집증 환자였다. 사람을 한번 싫어하면 집요하게 미워했다. 영조 31년(1755) 나주에서 소론 일파가 조정을 원망하는 흉서를 써 붙이자 영조는 친국한 후 일당을 처형했다. 어떤 이유에서였는지 영조는 매번 처참한 친국장과 사형장에 세자를 불러냈다. 혜경궁은 "길한 일에는 세자를 참여치 못하도록 하고 상서롭지 못한 일에만 자리하게 했다"고 쓰고 있다. 심지어 영조는 가뭄 같은 천재지변이 생기면 '세자가 부덕해서 그렇다'고 질책하기도 했다. 사도세자는 '의대증衣帶症'이라는 희소병도 앓았다. 옷을 갈아입기를 고통스러워하는 강박증이었다. 세자가 옷을 한 번 입으려면 스물에서 서른 벌의 옷을 준비해야 했고, 그가 입지 못한 옷은 불태웠다.

1757년(영조 33) 사도세자가 의지했던 정성왕후, 인원왕후가 승하하자 세자의 병적인 증상은 악화일로로 치달았다. 그해 6월부터 사도세자는 사람을 살해하기 시작했다. 세자는 사람을 여럿 죽이고서야 마음을 풀었다. 혜경궁은 영조 36년(1760) 이후 '내관, 나인 중에 세자로 인해 다치고 죽은 이가 많으니 다 기억하지 못할 정도'라고 했다. 내수사 담당관 서경달은 내수사 물건을 늦게 가져와서, 점치는 맹인은 점을 치다가 말을 잘못해서 죽었다. 세자는 하루에 여럿을 죽일 때도 있었다. 사람을 죽이지 못할 때는 짐승이라도 죽여 화를 삭였다.

사도세자는 자신의 후궁인 귀인 박씨도 죽였다. 영조 36년(1761) 정월, 궁 밖으로 나가려고 옷을 갈아입던 세자는 의대증이 재발했다. 이때 시중을 들던 귀인 박씨를 세자가 마구 때린 뒤 버려둔 채 궁 밖으로 나가버린다. 귀인 박씨는 즉사했다. 그녀는 은전군과 청근현주의 어머니다. 세자가 살해한 사람은 몇 명이나 될까. 조선 후기의 문신 박하원이 '임오화변'을 기록한 《대천록待闡錄》에는 사도세자가 죽인 사람의 숫자가 나오는데, 놀랍게도 그 숫자가 백 명이 넘는다.

영조 38년(1762) 5월 22일, 마침내 사도세자의 운명을 결정짓는 사건이 발생한다. 형조판서 윤급의 청지기 나경언이 그간 세자의 비행을 고변한 것이다. 궁지에 몰린 세자는 "칼을 차고 와서 부왕을 죽이고 싶다"는 극언을 서슴지 않았다. 그러자 세자의 생모 영빈 이씨가 나서 영조에게 "상감의 옥체와 세손을 보전하고 종사를 편안히 하기 위하여 대처분을 내리소서"라고 고했다. 세자는 영조

● 경기도 화성에 소재한 융릉의 문인석

38년(1762) 윤5월 13일, 아버지의 명령으로 뒤주에 갇힌 지 7일 만에 사망한다. 혜경궁 홍씨는 "오후 3시쯤 폭우가 내리고 천둥 번개가 쳤다. 세자가 천둥을 두려워하시니 필시 이 무렵 돌아가셨을 것"이라고 했다.

사도세자의 아들 정조는 아버지를 위한 추숭 사업을 대대적으로 펼친다. 사도세자의 묘는 현재 화성의 명당 융릉으로 옮겨져 현륭원으로 바꿨다. 융릉 앞 문인석의 형상은 여느 문인석과는 전혀 다르다. 일각에서는 문인석의 사실적인 안면 묘사를 두고 효심이 깊던 정조가 아버지의 묘를 지키기 위해 자신의 얼굴을 형상화했다고 주장하기도 한다. 정조는 아버지를 모신 사당 안에 자신의 초상화를 걸어두고 그림이 항상 부친의 사당을 바라보게 하기도 했다. 정조 어진은 총 8점이 제작됐지만 단 한 점도 남아있지 않다.

세자의 비행을 폭로한 윤급도 초상화를 남겼다. 당대 국수로

1 작자 미상, 〈홍봉한 초상〉 부분
   19세기, 전체 61.9×46.5㎝, 덴리대학
2 변상벽, 〈윤급 초상〉 부분 (보물 제1496호)
   1762년, 전체 152.7×82.8 ㎝, 비단에 채색, 국립중앙박물관

불렀던 화재 변상벽의 작품으로 점과 사마귀까지 마치 사진을 보
듯 그려 인물의 내면세계를 섬세하고 치밀하게 묘사했다. 병이
깊어진 사위를 버리는 대신 외손자를 택했던 홍봉한의 초상도 전
해온다.

7부

초상화 속
숨은 역사 찾기

조선의 양대
'공부의 신' 집안

조선 시대 사대부들이 정승보다 더 영광스럽게 여겼던 벼슬이 있었다. 바로 '대제학大提學'이라는 직책이다.

　대제학은 예문관과 홍문관의 최고 책임자였다. 예문관은 왕의 교서를 작성했고 홍문관은 경연(국왕의 학문을 지도하고 치도를 강론하는 업무)을 담당하는 관청이었다. 사령을 총괄하고 국가의 학문과 관련된 제반사를 관장했다. 예문관과 홍문관 대제학은 겸직하는 경우가 대부분이었으며 이를 특별히 '양관兩館 대제학'이라고 불렀다.

　대제학은 온 나라의 학문을 바르게 평가하는 저울이라는 뜻의 '문형文衡'으로 지칭되면서 막강한 학문적 권위를 부여받았다. 품계는 판서와 동등한 정2품이었지만 정1품의 삼정승과 육조 판서보다도 높게 대우해 "3대가 선을 쌓아야 대제학 한명이 나올 수 있다"는 말이 나올 정도였다. 대제학은 학문하는 모든 선비의 선망 대상이었다.

　따라서 명문가로서는 상신(정승)과 문과급제자의 수도 중요했지만, 대제학을 얼마나 많이 배출하느냐가 훨씬 큰 의미였다. 문벌을 결정하는 제일의 척도가 대제학의 수였던 것이다. 이 분야에서 단연 앞서는 가문은 광산 김씨光山 金氏와 연안 이씨延安 李氏 가문을 꼽는다. 조선의 양대 문벌이었던 이 두 가문을 일컬어 '연리광김延李光金'

1 작자 미상, 〈김장생 초상〉부분
  전체 101.5×62㎝, 비단에 채색, 국립중앙박물관
2 〈광산 김씨 김상휴 초상〉
  34.9 x 22.2 cm, 비단에 채색, 미국 소재.
  경상관찰사, 형조·이조판서를 지냈다.

이라고 한다. 광산 김씨와 연안 이씨는 조선왕조 500년간 각각 7명
의 대제학을 배출했다. 특히 이들 집안은 3대에 걸쳐 연달아 대제
학에 올라 '3대 대제학' 문벌로도 명성을 떨쳤다.

　광산 김씨는 경주 김씨에서 갈라져 나왔다. 신라 왕자인 김흥
광은 광주에 자리를 잡으면서 광산이라는 본을 썼다. 광산 김씨는
조선 예학의 최고봉 사계 김장생(1548~1631)에 이르러 가문이 크게

〈이복원 초상〉
종이에 채색, 국립중앙박물관. 월사
이정구의 6대손으로, 연안 이씨의 대
표 주자 중 하나다. 예조판서 이길보
가 아버지다.

번창한다. 광산 김씨에서는 총 7명의 대제학이 나왔는데 이들 모
두가 김장생 한 사람의 자손이다. 김장생의 학문은 이조판서를 지
낸 아들 신독재 김집(1574~1656)에게 계승돼 부자가 문묘에 배향되
는 전무후무한 영광을 누린다. 조선 후기 사상계를 좌지우지한 우
암 송시열과 송준길, 윤증이 모두 김장생의 제자들이다.

　김장생의 증손이자 숙종의 장인인 김만기와 아들 진규, 손자 양
택은 3대 연속으로 대제학에 올라 가문을 더욱 빛냈다.《구운몽》
과《사씨남정기》를 쓴 김만중은 김만기와 형제간이며 청구영언을
낸 김천택, 시문집 10권을 남긴 문인 김춘택, 영의정 김상복, 우의

정 김희, 이조판서 김상휴 등도 사계의 자손이다. 광산 김씨 가문
에서는 문과급제가 총 265명, 정승이 5명, 대제학이 7명, 청백리
가 4명, 왕비가 1명이었다.

광산 김씨에 필적할 문벌로 연안 이씨 월사 이정구(1564~1635)
집안을 든다. 연안 이씨는 신라에 귀화한 당나라 장수 이무李茂가
시조이며 황해도 연백을 본관으로 한다. 이정구는 1590년(선조 23)
증광문과에 병과로 급제했으며 병조판서, 예조판서와 우의정 · 좌
의정을 지냈다. 한문학의 대가였으며 장유, 이식, 신흠과 함께 '한문
사대가'로 명성이 높았다. 그의 이름은 명나라에까지 알려져 그곳

● 〈서명응 초상〉

종이에 채색, 국립중앙박물관. 연리
광김과 함께 조선시대 대제학을 많이
배출한 대구 서씨로 1777년(정조 1)
대제학을 했다. 아버지 서종옥은 이
조판서, 형 서명응은 3정승을 했다.

문인들의 요청으로 100여장의 《조천기행록朝天紀行錄》을 간행했다.

이정구 가문은 '3대 대제학 가문'인 동시에 '부자 대제학 가문'
으로 널리 회자됐다. 이정구 본인과 아들 이명한, 손자 이일상이
대제학을 역임했으며 이정구의 6대손 이복원은 아들 이만수와 함
께 대제학을 거쳤다. 월사가 속한 연안 이씨 판소부감공파에서만
상신 8명과 대제학 6명, 청백리 1명 등 인재가 쏟아졌다. 연안 이
씨 전체적으로는 문과급제자 250명, 상신 8명, 대제학 7명, 청백
리 6명을 배출했다.

대구 서씨 약봉 서성(1558~1631) 집안도 3대 대제학 가문으로 주목받았다. 서성은 조선의 대문호 서거정 형의 고손자이다. 서성은 어릴 적 안동에서 살았지만, 아버지가 일찍 사망하면서 한양으로 이주해왔다. 교육열이 남달랐던 어머니 고성 이씨가 술과 떡을 팔아 아들을 키웠다. 그는 1586년(선조 19) 알성 문과에 을과로 급제한 뒤 5도 관찰사와 호조, 형조, 공조판서 등 조정의 요직을 두루 역임했다. 서성은 다섯 아들을 뒀는데 그들의 자손이 모두 크게 출세했다. 장남 서경우는 우의정, 넷째 서경주는 선조의 장녀 정신옹주와 혼인해 부마가 되면서 가문의 부상이 시작됐다. 약봉의 둘째 아들 서경수의 증손 서종제의 딸은 영조의 왕비(정성왕후)가 됐다. 서경주의 증손 서종태는 숙종 때 영의정을 했고 그의 둘째 아들 서명균은 영조 8년에 우의정과 좌의정을 지냈으며 서명균의 아들 서지수는 영조 42년에 영의정을 지내 서경주의 집안에서 3대 연속 정승을 냈다.

또한, 약봉의 8대손이자 영의정 서지수의 아들 서유신부터 그의 아들 서영보, 손자 서기순이 대제학을 연달아 지냈다. 약봉의 후손들은 문과급제자 122명, 상신 9명, 판서 30명, 대제학 6명 등을 냈다.

그 밖에 왕손인 전주 이씨 중에서는 세종대왕의 5남 밀성군 이침의 후손이 크게 부흥했다. 이 집안에서도 정승 6명과 아울러 3대 대제학이 탄생했다. 그중 숭명배청파였던 백강 이경여(1585~1657)

집안에서 상신 5명이 나왔다.

이경여는 1609년(광해군 1) 증광 문과에 을과로 급제해 벼슬길에 들어섰으며 1636년 병자호란이 일어나자 왕을 호종해 남한산성에 피란했고 청나라 연호를 사용하지 않아 심양에 억류되기도 했다. 그는 효종 즉위와 동시에 영의정에 올랐으며 그의 아들 이민서를 시작으로 손자 이관명과 증손 이휘지가 연이어 대제학이 되는 영광을 거머쥐었다.

강세황家 6대
초상화가 한자리에

2017년 12월 19일 국립중앙박물관에서 한 초상화가 공개됐다. 두 달 전 미국 조지아주 서배너_Savannah_의 에버러드 경매에 출품됐던 것을 국외소재문화재단이 구입해 국내로 들여온 것이다. 초상화의 주인공은 고종 때 좌의정을 지낸 강노(1809~1886)다. 그림 우측의 화기畵記에 강노의 71세 생일이던 1879년 9월 그려졌다고 기록되어 있다.

　　〈강노 초상〉은 마맛자국, 눈 밑의 점까지 표현한 얼굴 묘사가 매우 사실적이며 인물의 기품과 고매한 정신도 잘 드러나 조선 초상화의 높은 경지를 보여주는 수작의 하나로 꼽힌다. 어떤 경로로 국외로 반출됐는지는 확인하지 못했다.

　　강노는 1848년(헌종14) 증광문과에 병과(3등급 중 3등급)로 급제했다. 그는 흥선대원군 이하응파의 핵심인물이었다. 애초 북인계열에 속해 노론 세도 정치 하에서 줄곧 중용되지 못하다가 1863년 대원군 집정 이후 출세 가도를 달렸다. 그는 대원군의 신임에 힘입어 병조판서를 거쳐 좌의정까지 승진했으나 1873년 고종이 친정을 하면서 파직당하고 이후 다시 복직하는 등 부침을 반복했다. 1879년에는 최고 영예인 기로소 당상(종 2품의 문관이 퇴직한 후 여생을 안락하게 보낼 수 있게 내린 벼슬)에 올랐다.

〈강노 초상〉

1879년, 60.7 × 47㎝, 종이에 채색, 국립중앙박물관

彼何人斯鬚眉皓白
頂烏帽披野服於以
見心山林而名朝籍
胸藏二酉筆搖五嶽
人那得知我自爲縈
翁年七十翁號露竹
其真自寫其贊自作
歲在玄黓攝提格

〈강세황 자화상〉
보물 제590호, 88.7 × 51㎝, 비단에 채색, 국립중앙박물관

강노는 조선 후기 대표적 문인화가이자 평론가로 시·서·화에서 모두 뛰어나 3절三絶로 불렸던 표암 강세황(1713~1791)의 증손자이다. 강세황은 진주 강씨 은열공파 중시조인 고려 귀주대첩의 명장 강민첨의 후손이다. 놀랍게도 이들을 포함한 은열공파 가문 6대의 초상화가 현재까지 남아있다. 중시조 강민첨과 강민첨의 16세손 강현, 강현의 3남 강세황, 강세황의 장남인 강인, 강세황 5남의 2남인 강이오, 강세황 4남의 손자인 강노의 초상화를 말한다. 초상화는 모두 우수한 작품이다. 한 가문에서 수작 초상화가 한꺼번에 전해 내려오는 것은 매우 이례적인 일이다.

강민첨(963~1021)은 강감찬 장군이 이룩한 귀주대첩의 실질적 주역이다. 그는 고려 목종 때 문과에 급제했지만, 전쟁터에서 많은 공을 세웠다. 강민첨은 1012년(현종 3) 5월 동여진이 영일, 청하 등지에 쳐들어오자 안찰사로 나가 적을 격퇴했다. 1018년 거란의 소손녕이 10만 대군을 이끌고 침입했을 때도 그는 강감찬의 부장으로 출전했다. 강민첨은 홍화진興化鎭(평북 의주)에서 냇물을 막고 있다가 거란군이 도착했을 때 물길을 터뜨려 대승을 거뒀다. 이어 개경으로 진군하는 거란군을 자주慈州(평남 순천)에서 무찔렀고 이듬해 퇴각하는 거란군을 따라가 반령盤嶺(평북 삭주)에서 다시 크게 승리했다. 그는 1020년 지중추사知中樞事 겸 병부상서兵部尙書에 임명됐다.

은열공파는 문관의 최고 영예인 기로소 당상을 다수 배출했다. 강노 또한 기로소에 들어갔지만, 강세황은 그의 할아버지(강백년),

아버지(강현)에 이어 3대에 걸쳐 연속으로 기로소 당상에 제수받았다. 한 집안에서 한 명의 기로소 당상을 배출하기도 힘든데 3대에 걸쳐 기로소 회원이 된 것을 두고 사람들은 삼세기영지가三世耆英之家라 칭송했다.

기로소에 소속된 원로들에게는 전토田土·염전鹽田·어전漁箭·노비 등 특전이 내려졌다. 그뿐만 아니라 임금의 탄생일, 설·동지 또는 나라에 경사가 있거나 왕이 행차할 때 모여서 하례를 하거나, 중요한 국사의 논의에 참여해 왕에게 자문하기도 했다. 기로소 출신을 얼마나 많이 배출하느냐는 명문가를 가름하는 척도의 하나였다.

강민첨의 15세손이자 강세황의 할아버지인 강백년(1603~1681)은 1646년 문과중시에 장원 급제해 동부승지에 오르고 이듬해 상소해 전국의 향교를 부흥시키는데 크게 기여했다. 예조참판으로 재직 중이던 1660년(현종 1)에는 동지부사가 돼 청나라에 다녀왔으며 70세에 기로소에 들어갔다. 이후 성균관 동지사를 지냈으며 예조판서에 임명됐다.

강백년의 아들이자 강세황의 아버지인 강현(1650~1733)은 1680년 문과에 급제해 경기도관찰사, 도승지, 대제학, 예조판서, 한성부판윤, 종1품 판의금부사 등 요직을 두루 섭렵했다. 소론 계열의 강현은 경종 때의 신임옥사에서 노론 정치인들을 치죄했다는 이유로 1725년 귀양엘 간다. 그러나 기로소에 들어간 점을 참작하여 바로

〈강현 초상〉

국보 제325호, 1720년, 52 × 36cm, 종이에 채색, 국립중앙박물관

석방된다.

강세황은 18세기 대표적 화원 화가인 김홍도와 문인서화가 신위의 스승으로서 '예원藝苑의 총수'로 추앙받으며 당대 화단에서 막강한 입지를 굳혔다. 한국적인 남종문인화풍을 정착시키고 진경산수화를 발전시키며 풍속화·인물화를 유행시킨 것도 그였다.

그러나 출사는 환갑이 넘어서야 이뤄졌다. 청·장년 시절에 강세황은 고초를 겪었다. 노론의 집권으로 아버지가 정치에서 배척되었기 때문이다. 그러나 영조의 배려로 그는 나이 61세에 처음 벼슬길에 오른다. 그 후 병조참의, 한성부판윤을 지내고 기로소 당상을 하사받았다. 강세황은 3대에 걸쳐 기로소 당상이 된 것을 매우 자랑스럽게 여겨 삼세기영三世耆英이라는 인장을 새기고 자신의 그림에 찍기도 했다.

강세황의 장남 강인(1729~1791)은 1772년(영조 48) 정시문과에 병과로 합격해 승지, 회양부사 등을 지냈다. 강이오(1788~?)는 무과에 등제했으며 군수를 지내 벼슬이 높지 않았지만, 기량이 뛰어난 문인화가로서 명성이 자자했다. 추사 김정희, 신위는 그에 대해 "매화와 산수에 능했고 특히 매화 그림은 서권기(문인화풍의 하나)와 아취(고아한 정취)가 그윽했다"고 했다. 국립중앙박물관에는 그가 그렸다는 〈강안주유도江岸舟遊圖〉와 〈송하망폭도松下望瀑圖〉가 소장돼 있다.

보물 제588호 〈강민첨 초상화〉는 1788년(정조 12) 10월 진주병사 이연필이 우방사牛芳寺(경남 진양군 소재 절)에 전해오던 영정을 화사

● 이명기, 〈강인 초상〉
1783년, 비단에 채색, 국립중앙박물관

박춘빈에게 모사하게 한 작품이다. 눈과 입술 등 형식이 다소 격식화 되어 있지만 고려 시대에 살았던 인물의 초상화가 진귀한 만큼 당시의 표현 형식을 짐작할 수 있다는 점에서 중요하게 인식된다.

〈강현 초상〉은 기해기사계첩(국보 제325호)에 수록돼 있으며 1720년에 완성됐다. 강세황의 초상은 다수가 전해지는데, 70세 나이에 자신이 직접 그린 자화상과 이를 바탕으로 이명기가 추사한 정장 관복본 초상화가 보물 제590호에 올라있다. 단정한 자세로 앉은 모습의 자화상에는 깊이 팬 눈가와 형형한 눈빛, 이마의 주름, 오목 들어간 뺨, 길고 하얀 수염 등에 노학자의 고고한 자태가 잘 드러나 있다. 강세황의 첫째 아들 〈강인 초상화〉 역시 전형적인 관복 차림이며 마찬가지로 이명기 작품으로 추측된다. 보물 제1485호 〈강이오 초상화〉는 19세기 중반 직업화가로 화명을 떨친 이재관이 그렸다.

나라를 뒤흔든 반란에서
임금을 구하다

조선 16대 임금인 인조(재위 1623~1649)는 반정 이듬
해 도성을 버리고 공주로 피난 간다. 평안병사 이괄(1587~1624)이
반란을 일으켜 그 군대가 예성강을 건너 남하하고 있다는 급박
한 소식을 듣고서다. 인조는 명나라에 파병을 요청하기도 했다.
1624년 3월 29일 한양에 입성한 이괄은 선조의 아들인 흥안군 이
제(1598~1624)를 왕으로 추대했다.

이괄은 인조반정의 최고 공신이었다. 그는 거사일에 반군을 통
솔하기로 했던 김류가 계획이 누설됐다는 이유로 제시간에 도착
하지 않자 실질적으로 군사를 지휘해 반정을 성공시켰다. 이괄은
논공행상 과정에서 김류, 이귀 등 서인계열의 공신들과 반목했으
며 정사공신 2등에 봉해지자 강하게 반발했다. 평안병사 겸 부원
수로 임명돼 평안도 영변에 주둔하면서 후금의 침략에 대비하던
중, 문회 등이 이괄의 역모를 고변한다. 이괄 주변의 인물들이 잡
혀가 문초를 받았고 이괄의 아들인 이전도 한양으로 붙잡혀갔다.
1624년 3월 13일 이괄은 자신을 체포하러 온 금부도사 일행을 살
해한 뒤 반란을 일으켰다.

그는 군대를 이끌고 평안도 일대와 개성을 차례로 점령하고 한
양으로 진격했다. 하지만 이괄은 한양 입성 당일 안령(현재 서대문

작자 미상, 〈남이흥 장군 영정〉 부분
17세기, 전체 191×99.5㎝,
충장사 (의령남씨 충장공파대종중 소장)

구 현저동에서 홍제동으로 넘어가는 고개)에서 벌어진 전투에서 도원수 장만(1566~1629)이 이끄는 토벌군에 크게 패해 한밤중에 남은 병사를 이끌고 경기도 이천으로 도주했다.

이괄은 이틀 뒤인 4월 1일 경기도 광주의 경안역 근처에서 부하 장수들에게 살해되고 이괄의 난 또한 진압된다. 공주로 피난을 갔던 인조는 4월 5일 한양으로 돌아와 이괄의 동조 세력들을 모두 색출해 처벌했다. 이괄의 난에서 인조를 지킨 장만은 그의 휘하에서 토벌군으로 함께 활약했던 정충신(1576~1636), 남이흥(1576~1627)과 함께 진무공신 1등에 봉해졌다.

장만은 1591년 별시 문과를 통해 등과한 문신이었지만 혁혁한

무공으로 명망을 떨쳤다. 함경도관찰사 때 후금 누르하치의 침입을 경고하는 상소를 올렸고 평안도병마절도사 재임 시에는 여진족에게 관서 4군이 조선 땅임을 인식시키고 그곳에 거주하던 여진족을 철수시켰다. 1627년 정묘호란 때에는 병조판서를 맡아 후금과의 전쟁을 총괄 지휘했다.

조선 최초의 반란 사건은 1453년 함길도도절제사 이징옥이 일으킨 난이다. 이징옥은 세종 때 김종서와 북방 6진을 개척하는 데 큰 공을 세웠으나 수양대군이 계유정난을 통해 김종서를 제거하고 자신마저 김종서계로 분류해 벼슬을 박탈하자 군사를 일으켰다. 이징옥은 스스로를 '대금황제'라 칭하며 두만강 건너편 오국성을 도읍으로 결정했다. 이때 종성절제사 정종(1417~1476)이 꾀를 내 이징옥을 종성에 머무르게 한 뒤 밤에 이징옥의 처소를 습격해 징옥과 그의 아들들을 살해하고 난을 수습했다. 이 공로로 정종은 군공 1등에 책록됐다.

이로부터 불과 14년 뒤 조선왕조는 또다시 반란에 휩쓸린다. 1467년(세조 13) 발생한 '이시애의 난'이다. 함경도 호족 이시애는 세조가 중앙집권을 강화하기 위해 북도 출신 수령의 임명을 제한한 것에 불만을 품어 함길도절도사 강효문, 길주목사 설징신 등을 죽이고 백성들을 선동했다. 세종의 손자인 구성군 이준(1441~1479)과 태종의 외손인 남이(1441~1468)가 관군을 이끌고 이원의 만령에서 반란군 주력부대를 와해시켰다.

작자 미상, 〈홍가신 초상〉
17세기, 163.6×89.1㎝. 비단에 채색, 국립중앙박물관

경성으로 퇴각한 이시애는 여진으로 달아날 궁리를 하던 중 부하들에 의해 토벌군에 넘겨져 최후를 맞았다. 이준과 남이는 적개공신 1등으로 포상됐다. 이후 이준은 28세에 영의정에, 남이는 26세에 병조판서에 올라 출세 가도를 달렸지만, 세조가 죽자 이들 모두 역모에 몰려 처형된다.

임진왜란이 발발한 대혼란 중에도 반란 사건은 일어났다. '이몽학의 난'을 두고 하는 말이다. 왕족의 서얼 출신인 이몽학은 1596년(선조 29) 군량을 모으는 일을 하다가 대기근으로 굶주린 농민들을 선동해 임천(충남 부여)을 함락했다. "왜적의 재침을 막고 나라를 바로잡겠다"라고 주장해 삽시간에 수천이 무리를 이뤄 정산(청양), 대흥(예산) 등을 휩쓸고 서울로 향했다. 반란군이 홍주(홍성)에 이르렀을 때 홍주목사 홍가신(1541~1615)이 민병을 동원해 대파했다. 홍가신은 이몽학의 목에 현상금을 걸어 분열을 꾀했다. 이에 걸려든 이몽학의 부하들은 전세의 불리함을 느끼고 이몽학의 목을 베어 항복했다. 그 결과 선조 47년 홍가신에게는 청난공신 1등이 내려졌다. 그는 과거에 급제하지는 못했지만 성리학에 조예가 깊었으며 난을 진압한 공로로 벼슬이 형조판서에 이르렀다.

성군으로 분류되는 영조도 즉위 초 대규모 반란으로 불안에 떨어야 했다. 소론은 자신들이 밀었던 경종이 재위 4년 만에 승하하고 노론이 지지한 영조가 즉위하자 위협을 느낀다. 소론 과격파들 사이에서는 "영조가 숙종의 아들이 아니며 그가 경종의 죽음과 연

작자 미상, 〈오명항 초상〉 부분 (보물 제1177호)
18세기, 전체 174×103.4㎝, 경기도박물관 (해주오씨 종중 기탁)

관돼 있다"라고 주장하면서 영조와 노론을 제거하고 밀풍군 이탄
(1698~1729)을 왕으로 추대하려는 움직임이 일었다.

　남인의 영수 윤휴의 외손으로 청주에 기반을 뒀던 이인좌는 영
남, 호남 등 각 지방 세력을 규합해 "경종의 원수를 갚는다"는 명분
을 내세워 영조 4년(1728) 청주성을 함락하고 서울로 북상했다. 하
지만 안성과 죽산에서 소론 출신의 병조판서 오명항(1673~1728)이
지휘하는 관군에게 격파됐다. 이인좌 등 반란주모자들은 잡혀 서
울에서 극형에 처하고 오명항은 분무공신 1등에 명해졌다. 오명항
은 자신이 소론임을 자책하고 사퇴를 청했으나 영조는 이를 허락
하지 않고 오히려 우의정에 발탁했다. 이인좌의 난에는 권력층에
서 소외된 소론파와 남인 세력뿐 아니라 조선 사회에 불만이 컸던

중·하층민들도 대거 동참한다.

　순조 11년(1811) 평안도에서 일어난 '홍경래의 난'은 소작농, 부랑민, 노비 등이 주도한 조선 최초의 민란이다. 홍경래의 난은 19세기 농민반란의 서막을 열었다. 평안도 용강군 출신의 평민이었던 홍경래는 신분 차별과 지역 소외를 혁파하고 백성들이 잘 먹고 잘 살 수 있는 이상 국가 건설을 목표로 삼았다. 백성들의 열렬한 지지 속에 초기 청천강 이북 8개 군을 점령하는 성과를 올렸으나 전열을 재정비한 관군이 봉기군의 최후 거점인 정주성을 함락하면서 난도 평정된다. 농민봉기에 놀란 조정은 이때 체포된 1917명 전원을 일시에 처형했다. 관군은 양서순무사 이요헌(1766~1815)이 지휘했다. 그는 군영에서 5개월을 보내면서 잠시도 군복을 벗지 않을 만큼 토벌의 의지를 불태웠다. 그 뒤 순조가 그를 원훈元勳에 봉했지만, 굳이 사양하고 받지 않았다.

　이들 중 일부 공신들의 초상화가 전해진다. 오명항의 초상은 보물 제1177호로 지정돼 있다. 얼굴의 마맛자국이 표현돼 있으며 코 밑의 점과 왼쪽 귀에서 턱으로 가는 중간에 있는 점들도 잘 묘사됐다. 강직하고 진지한 오명항의 표정을 섬세하게 포착한 작품이다. 홍가신 초상은 국립중앙박물관에서, 남이흥 초상은 의령남씨 종중에서 소장하고 있다.

역적의 아들 정조의 친위부대
초계문신

조선 22대 왕 정조(1752~1800)는 만 7세가 되던 1759년 (영조 35) 순조롭게 세손에 책봉되지만 3년 뒤 생부인 사도세자가 비극적인 죽음을 맞으면서 왕이 되지 못할뻔했다. 사도세자를 죽음에 이르게 하고 이어서 정조의 왕위 계승을 반대하는 벽파 세력이 온갖 방해 공작을 펼쳤기 때문이다. 세손을 비방하는 투서가 쏟아졌고 정조가 거처하는 존현각에 괴한이 침입해 염탐하는 사건이 발생했다. 최대 정적이었던 정후겸 등은 그를 해치려고까지 했다.

영조가 세손에게 대리청정을 명하자 홍인한(1722~1776)은 "동궁은 노론과 소론을 알 필요가 없으며 이조판서와 병조판서를 알 필요가 없다. 조정의 일은 더더욱 알 필요가 없다"라는 이른바 '삼불필지설三不必知說'을 제기하며 세손의 권위에 흠집을 냈다. 지난한 과정을 거쳐 왕위에 오른 정조는 자신의 편이 필요하다는 것을 뼛속 깊이 느꼈다.

그리하여 정조는 즉위와 동시에 싱크탱크와 친위부대를 두기 위해 골몰했다. 그 노력의 일환이 바로 '규장각奎章閣'이다. 표면적으로는 역대 국왕 및 본인의 영정과 저술, 친필 등을 보관한다는 점을 내세웠지만, 정치적 세력기반을 강화하고 자신의 통치 이념

작자 미상, 〈이서구 초상〉 부분
19세기, 85.3 × 55.2㎝, 비단에 채색,
국립중앙박물관

과 정책 연구를 진흥하려는 목적이었다. 정조는 이 규장각에 소속
돼 특별교육을 밟고 연구 과정을 수행하는 문신을 선발한다. 이들
이 이른바 '초계문신抄啓文臣'으로 불렸던 정조 시대의 엘리트 문신
들이다. 초계는 '인재를 가려 뽑아 임금에게 아뢴다'는 의미이다.

초계문신은 애초 연소한 문신들을 재교육해 인재를 양성한다
는 취지로 출발했다. 이 제도는 조선 전기 젊은 문신들에게 휴가
를 줘서 학문에 전념하게 한 사가독서제賜暇讀書制의 전통을 이어받
은 것이다. 37세 이하의 당하관(정3품 이하) 가운데 문과 장원급제
자를 포함한 최고의 인재들을 뽑았다. 정조 5년(1781)부터 1800년
까지 10차에 걸쳐 138인의 초계문신이 배출됐다.

교육과정은 경전류를 강론하는 시강試講과 강론 받은 것을 기반

1 작자 미상, 〈김이교 영정 초본〉 부분
   충남역사문화연구원

2 작자 미상, 〈서유구 초상〉 부분
   19세기, 전체 76×38㎝, 개인소장

으로 제술문을 짓는 시제試製가 있었다. 시강의 교과서는 사서삼경의 7서로 《대학》, 《논어》, 《맹자》, 《중용》, 《시경》, 《서경》, 《역경》의 순으로 진행됐다. 시제의 종목은 논論, 책策, 표表, 배율排律, 서序, 기記 등 모두 30종목이었으며 형식이나 공론에 빠지는 것을 경계하고 경전의 참뜻을 익히도록 했다. 초계문신들은 매월 2회의 구술고사와 1회의 필답고사를 쳐야만 했다. 시험은 엄격했다. 게다가 정조는 기수당 5~7명을 모아놓고 직접 강의를 하거나 시험 문제를 내고 채점까지 맡았다. 당대 내로라하는 최고 학자들이었지만 임금에게 직접 평가를 받는 것은 큰 고통이었다. 초계문신 이덕무, 박제가, 유득공과 함께 4가시인四家詩人의 한 사람인 이서구(1754~1825)는 1785년 10월 24일 시험에서 '작매예嚼梅蘂(매화 꽃잎을 씹다)'라는 시를 지었다. 정조는 시구 여러 곳에 붉은색 줄을 그은 뒤 중간급에 불과한 '차중次中'이란 등급을 매겼다.

애연가였던 정조는 시 창작을 감독할 때 승지 한 명에게 담배를 한 대 피우라 하고 다 피우기 전까지 시 한 수를 지어내도록 했다. 빠르게 시를 짓는 천재적 능력을 가리자는 것이었지만 학자들의 원성은 자자했다.

실제 정조 5년 대제학에 올랐던 김종수(1728~1799)는 "국왕이 거만하게 스스로 성인이라 여기고 신하들의 의견을 깔봐 서슴없이 할 말을 다 하는 기상이 사라지고 있다"라고 비판했다. 초계문신 출신인 정약용(1762~1836)마저 "총명한 사람이라도 어전(임금의 앞)지척에 돌아앉아서 여러 가지 경서를 강講하도록 하니 잘못 실패하는 때도 있어 황구한 땀이 등을 적신다. 가벼운 벌이라도 받게 되면 졸렬함이 다 드러나는데 어린애 같이 때리며 생도같이 단속한다"라고 불만을 토로했다.

초계문신제는 정조 사후 세도정치 아래에서 중단됐다가 정조를 모델 삼아 왕권을 강화하고자 했던 헌종 때 다시 추진된다. 헌종은 헌종13년(1847)과 이듬해 두 차례에 걸쳐 초계문신제를 통해 문신 56인을 뽑았으나 후대로 이어지지는 못했다. 《초계문신제명록 抄啓文臣題名錄》에는 정조대와 헌종대를 합쳐 총 12회에 걸쳐 선발된 모든 학자의 이름이 정리돼 있다.

정조는 초계문신이라는 친위세력을 통해 고질적인 시파, 벽파의 타파를 기도했지만 오히려 그들 스스로가 당파에 깊숙이 가담하면서 정치적 혼란을 심화하기도 했다. 하지만 분명한 것은 그들이 19세기 정치와 문화를 주도했다는 사실이다. 그들 면면을 살펴보면 쟁쟁하기 이를 데 없다. 앞에서 언급한 18세기 실학사상을 집대성한 한국 최대의 실학자이자 개혁가인 정약용도 정조 13년 6차 초계문신으로서 규장각에 들어갔다.

정약용과 동기인 김이교(1764~1832)는 사도세자를 옹호하는 시파에 속해 정조 사후 유배를 당하기도 했지만, 곧 풀려나 순조 11년(1811) 정사 자격으로 통신사를 이끌고 일본에 다녀왔다. 김이교가 이끈 통신사는 선조 40년(1607) 이후 총 12차례 단행된 조선통신사 중 마지막이었다.

정약용과 함께 조선 후기의 대표적 실학자인 서유구(1764~1845)는 이듬해인 정조 14년 7차로 초계문신단에 합류했다. 그는 '조선의 브리태니커'란 별칭이 따라다니는 생활문화 백과사전《임원경제지林園經濟志》를 펴냈다. 현실에 적용되지 않는 지식은 '토갱지병土羹紙餠(흙으로 끓인 죽과 종이로 만든 떡)'이라며 철저히 외면했던 그는 50세부터 30년간 19세기 초 조선의 생활문화를 촘촘히 엮어냈다. 113권 2만 8000여 개 항목으로 구성된《임원경제지》는 농사부터 음식, 의류, 건축, 건강, 의료 등 16개 분야에 걸쳐 조선과 동아시아 의식주 문화를 집약했다. 그는 전라관찰사, 이조·호조판서 등을 역임하는 동안 호남 지방 기근을 극복하기 위해《종저보種藷譜》를 지어 고구마 보급에 힘쓰기도 했다.

정약용의 둘째 형이자《자산어보玆山魚譜》의 저자인 정약전(1758~1816)은 서유구와 초계문신 동기이다. 실학자인 성호 이익의 학맥을 이어받았으며 한국 천주교 태동기를 이끌었던 이벽, 이승훈을 통해 천주교를 받아들였다. 순조 즉위 후 노론벽파의 천주교 탄압이 본격화되면서 두 차례나 국문을 받고 흑산도로 유배됐다.

《자산어보》는 유배기간 흑산도 근해에 자생하는 수산생물을 어류, 패류, 조류藻類, 해금海禽, 충수류蟲獸類 등으로 분류하고 손수 관찰 조사한 내용을 상세히 기록한 조선 실학기의 명저이다.

조선 말기 안동 김씨 세도 정치 시대를 연 것으로 잘 알려진 김조순(1765~1832)도 초계문신이다. 그는 정조 10년 4차 초계문신에 포함됐다. 식견과 문장이 뛰어나고 성격이 곧아 정조가 아꼈다. 김조순은 매번 벼슬을 사양하고 당파를 형성하지 않으려는 의지를 보였지만 순조의 장인이 되고 그를 둘러싼 척족세력들이 부상하면서 그는 안동 김씨 세도 정치의 기반이 조성된다.

정조의 혹독한 평가를 받았던 이서구는 3차 초계문신으로 한자의 구조와 의미를 연구하는 데에 조예가 깊었으며 서예에도 뛰어났다. 그 또한 정조의 총애로 벼슬길이 순탄했다. 정조 5년 1차 초계문신의 영예를 안았던 김재찬(1746~1827)은 삼정승을 모두 거쳤으며 대학자로도 이름을 떨쳐 정조실록 편찬에 참여했다.

　이들은 대부분 정조가 승하한 후에도 출세 가도를 달렸지만 일부는 정조의 남자로만 남았다. 대표적 인물이 2차 초계문신인 윤행임(1762~1801)이다. 시파의 대표주자로 정조의 신임을 받았던 그는 정순왕후가 시파를 몰아내기 위해 신유박해를 일으키자 유배에 몰렸다가 사약을 받고 죽었다.

　초계문신들의 초상화는 후손들의 소장본을 통해 일부 전해온다. 이들 중 이서구의 초상화가 예술적 면에서 앞선다. 국립중앙박물관 소장 〈이서구 초상〉은 정2품 신분의 삽금대(허리띠)를 두르고 있는 것을 미뤄 1802년 즈음 제작된 것으로 짐작된다. 얼굴 윤곽과 이목구비, 인중, 주름살 등을 그리고 잔 붓질과 훈염暈染(움푹한 곳은 붓질을 거듭하고 도드라진 부분은 붓질을 덜 하는 그림 기법)으로 얼굴의 굴곡과 입체감을 표현했다.

　〈서유구 초상〉은 1838년 그의 나이 75세 때 그려졌으며 얼굴에 천연두 자국이 남아있다. 〈김조순 초상〉은 사모를 쓰고 연분홍색 단령을 입은 모습을 반신상으로 그렸다. 마지막 통신사 〈김이교 초상〉은 우의정을 지낼 때 그려진 것으로 충남역사문화연구원이 후손에게 사들여 소장하고 있다.

보물 초상화에
숨은 이야기들

조선 말 3대 문장가로 꼽히는 김택영(1850~1927)이 당대 역사서 등을 정리해 엮은 《한사경韓史綮》에는 "좌의정 신숙주가 노산군 부인(정순왕후)을 노비로 삼고자 주청하였으나 왕이 윤허하지 않았다"는 대목이 나온다. 김택영은 "세조가 조카를 죽이고 여러 아우를 살해하여 임금의 지위를 훔친 것도 사악하지만 (신숙주가) 단종 부인을 노비로 삼겠다고 청한 것은 매우 간사하고 악한 짓"이라고 혹평했다. 정순왕후는 미인이었다. 신숙주는 그녀의 뛰어난 미모에 이끌려 한때 주군으로 모셨던 단종 부인을 첩으로 삼으려고 했던 것이다. 어린 조카를 죽인 비정한 세조였지만 차마 조카며느리까지 남의 첩으로 줄 수는 없었다. 세조는 아무도 조카며느리를 범하지 못하도록 그녀를 정업원淨業院(고려·조선 때 궁중의 여인들이 출가해 머물던 도성 내 비구니 처소)에 살게했다. 그녀는 증손자뻘인 중종의 재위 16년 82세를 일기로 한 많은 생을 마감했다. 정순왕후는 남편 묘가 있는 강원도 영월의 장릉이 아닌 경기도 남양주 사릉에 묻혔다.

이 일화의 주인공 신숙주는 왕을 6명이나 섬기며 영의정을 두 차례 역임하고 국방과 외교에 탁월한 공적을 세운 조선 전기를 대표하는 정치가다. 또한 그는 일본어, 몽골어, 만주어 등 외국어에

작자 미상, 〈신숙주 초상〉 부분
(보물 제613호) 조선 전기, 전체 167×109.5cm,
비단에 채색, 고령신씨 문중

두루 능통하여 세종 때는 전문 외교관이었으며 집현전 8학사 중
한 명이기도 했다. 신숙주는 세종대왕이 훈민정음을 창제한 뒤 그
해설서인《훈민정음 해례본》을 집필하기도 했다.

　　그러나 그의 명성과 업적은 세종과 문종, 단종에 대한 의리를 저
버리고 세조의 편에 서면서 한순간에 물거품이 됐다. 조선 후기 이
후 도덕과 의리를 중시했던 사림파는 충절을 지킨 사육신을 추앙
하지 않고 승자를 쫓았던 신숙주를 변절자로 낙인찍는다. 이후 신
숙주라는 이름은 '배신의 상징'이 됐다.

초록색 관복 차림을 한 신숙주 초상은 그의 성품을 잘 표현했고 채색이나 선 묘사도 뛰어나 예술적 가치가 높은 작품으로 평가된다. 초상화는 성종 6년(1475)에 새롭게 고쳐졌으며 얼굴 음영 처리나 표현 기법을 볼 때 그 이후에도 여러 번 수정, 보완된 것으로 보인다. 1977년에 보물 제613호로 지정됐다.

대부분의 보물 초상화는 조선 시대 작품이 많지만 고려 시대 인물도 일부 있다. 거란소배압 군대를 격파한 강민첨(미상~1021), 공민왕을 도와 친원파 타도에 앞장섰던 염제신(1304~1382), 고려 말 충신 포은 정몽주(1337~1392), 야은 길재·포은 정몽주와 함께 3은三隱 중 한 사람인 목은 이색(1328~1396)의 초상화가 각각 보물 제588호, 제1097호, 제1110호, 제1215호로 지정돼 있다. 국립중앙박물관이 보관하고 있는 〈강민첨 초상〉은 정조 12년(1788) 박춘빈이 원본을 그대로 옮겨 그린 그림이다. 조선 시대에 이모했으며 예술성도 떨어지는 편이지만 고려 시대 초상화가 극도로 희귀한 상황에서 고려 공신상 형식과 표현 기법을 엿볼 수 있기에 중요한 그림이다.

영조의 왕자 시절 모습을 담은 〈연잉군 초상〉은 보물 제1491호다. 영조는 생모 숙빈 최씨에 대한 효성이 깊었다. 숙빈 최씨는 어릴 때 부모를 여의고 7세 남짓한 어린 나이에 무수리로 입궁했다. 그러다 보니 숙종에게 승은을 입기까지 15년 동안 궐내에서 온갖 천한 일을 도맡아 하면서 힘들게 살았다. 연잉군은 어느 날 어머니를 찾아 "침방에 계실 때 무슨 일이 제일 어렵더이까"하고 물었다.

● 이한철, 〈정몽주 초상〉 부분
19세기, 전체 61.5×35㎝, 종이에 채색, 국립중앙박물관
영천 임고서원이 소장한 또 다른 정몽주 초상화는 보물
제1110호로 지정되었다.

어머니가 침방나인을 했다는 얘기를 들었기 때문이다. 그러자 "중
누비, 오목누비, 납작누비 다 어렵지만 세누비(촘촘하고 곱게 박는 바
느질)가 가장 하기 힘들더이다"하고 최 씨는 대답했다. 연잉군은 말
을 잇지 못했다. 영조는 이후로 평생 누비옷을 걸치지 않았다. 어
머니가 죽은 후에는 육상궁을 지어 극진히 혼령을 모셨다.

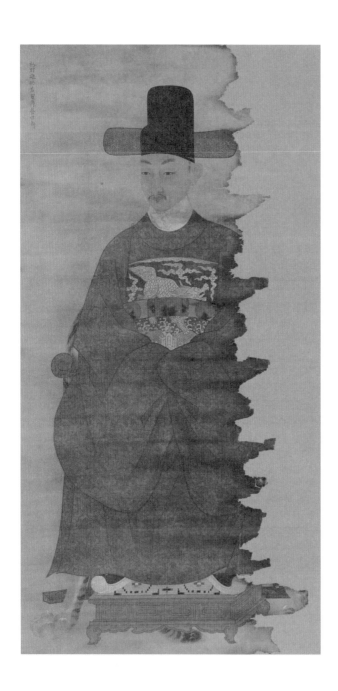

● 진재해, 〈연잉군 초상〉 (보물 제1491호)
  1714년, 147×72㎝, 비단에 채색, 국립고궁박물관

숙빈 최씨는 1711년부터 사망하던 1718년까지 연잉군 사저에서 지냈다. 〈연잉군 초상〉은 영조가 어머니를 자기 집에 모시고 있던 21세(1714) 때 화가 진재해秦再奚(1691~1769)를 데려와 그리도록한 것이다.

그 외에 소개하고 싶은 수작 보물 초상화로는 〈이채 초상〉과 〈서직수 초상〉이 있다. 〈이채 초상〉은 조선 후기 가장 아름다운 걸작 초상화 중 하나로 꼽힌다. 이채(1745~1820)의 58세 때 모습을 담고 있는 이 초상은 반신상으로, 이채는 높은 신분의 선비들이 입는 무색 심의深衣 차림에 중층 정자관程子冠을 쓴 뒤 두 손을 마주 잡은 채 정면을 응시하고 있다. 눈, 피부, 수염이 입체감 있게 표현되었으며, 화가의 생생한 묘사 덕분에 면밀히 들여다보면 시공을 뛰어넘어 그림 속 주인공을 직접 대면하고 있다는 착각마저 준다. 그림을 통해 주인공이 맑고 온화한 성격의 소유자이며 품위가 높으면서도 순수한 마음을 지녀 학문에 매진하는 성품임을 느낄 수 있다. 1910년 국립중앙박물관이 일본인에게서 구입했으며 보물 제1483호로 지정되었다.

서직수(1735~미상)는 영조 41년(1765) 진사시에 합격한 후 관직에 들지 않은 채 일생을 시와 서화를 하면서 보냈다. 〈서직수 초상〉은 1796년 서직수의 나이 62세 되던 해에 당시 최고의 궁중 화원이었던 이명기와 김홍도의 합작이다. 이명기가 얼굴을, 김홍도가 몸체를 그렸다. 정조 어진 제작에 참여했던 두 화가가 함께 그렸다는

작자미상, 〈이채 초상〉 부분 (보물 제1483호)

1802년, 전체 99.6×58㎝, 비단에 채색, 국립중앙박물관

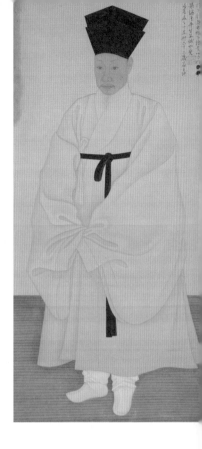

김홍도·이명기, 〈서직수 초상〉 (보물 제1487호)
1796년, 148.8×72.4㎝, 비단에 채색, 국립중앙박물관

것만으로도 이 초상화의 수준을 짐작할 수 있다. 그림 오른쪽 윗부
분에는 서직수가 자신의 초상화를 직접 평한 글이 있다.

(전략) 두 사람은 이름난 화가들이지만 한 조각 내 마음은 그
려내지 못하였다. 안타깝도다. 내가 산속에 묻혀 학문을 닦아야
했는데 명산을 돌아다니고 잡글을 짓느라 마음과 힘을 낭비했구
나. (후략)

8부

거장들의
숨겨진 얼굴

신선이 되고자 했던
단원 김홍도

단원 김홍도(1745~1806 추정)는 풍속화가로 잘 알려졌지만, 그는 사실 못 그리는 게 없는 당대 최고의 천재 화가였다. 인물, 산수, 신선, 꽃과 과일, 새와 벌레, 물고기 등 동물은 물론 심지어 불화에 이르기까지 전무후무한 기량을 뽐냈다.

그의 스승 강세황은 《단원기檀園記》에서 "그의 그림은 모두 묘품妙品에 해당되어 옛사람과 비교할지라도 그와 대항할 사람이 거의 없었다. 단원은 독창적으로 스스로 알아내어 교묘하게 자연의 조화를 빼앗을 수 있는 데까지 이르렀다"고 극찬했다.

김홍도는 아버지 김석무金錫武와 어머니 장담 문씨長潭 文氏 사이에서 출생했다. 그의 집안은 하급 무반벼슬을 많이 배출한 중인 신분이었다. 6대조 김득남은 수문장을, 고조 김중현은 별제를, 증조 김진창은 만호의 벼슬을 지냈지만, 할아버지 이후로는 벼슬길을 나아가지 못했던 듯 관직에 관한 기록이 없다. 김홍도가 출생할 당시 그의 집안은 보잘것없었고 넉넉하지도 않았다.

김홍도는 젖니를 갈 무렵부터 18세기 화단에서 '예원의 총수'로 추앙받던 강세황의 집을 드나들며 그림을 배웠다. 강세황은 32세 때 처가인 경기도 안산으로 거처를 옮긴 후 30년간 그곳에 머물며 서화와 학문에만 전념한다. 이후 영조의 배려로 61세의 나이에 벼

● 김홍도, 〈마상청앵〉(보물 제1970호)
18세기, 117.5 × 52.2㎝, 종이에 수묵담채, 간송미술관

슬길에 오른다. 이를 근거로 김홍도가 성장한 곳이 안산일 것이라는 주장이 제기된다.

그림에 천부적인 소질을 타고났던 김홍도와 당대 최고의 문인 화가였던 강세황의 만남은 필연이었는지 모른다. 강세황의 지도를 받으며 성장한 김홍도는 이미 10대 후반부터 조선 시대 궁중에서 회화를 담당했던 도화서의 화원으로 활동했던 것으로 추측된다. 1765년 10월 영조의 71세 탄일과 즉위 40주년을 기념하는 잔치를 열고 이를 담은 병풍을 제작했다. 화가로 지정된 사람은 21세의 김홍도였다. 약관의 나이로 임금의 큰 잔치 그림을 그렸다는 것은 이 때 이미 김홍도가 최고의 실력자로 인정받았다는 것을 뜻한다.

1773년 스물아홉의 김홍도는 도화서 최고의 영예인 어진화사가 되어 영조의 어진과 왕세손(정조)의 초상화를 그렸다. 이를 계기로 정조는 김홍도의 강력한 후원자를 자처하게 된다. 기록상 영조의 어진은 모두 13점이 존재했다. 현재 보물 제932호 〈영조 어진〉(295쪽 참조)은 1900년(광무 4)에 조석진과 채용신이 함께 모사해 창덕궁의 선원전에 봉안했던 그림이다.

30대에 김홍도는 그림으로 최고의 전성기를 누린다. 이 무렵 김홍도는 다수의 신선도와 서당, 씨름, 타작 등 서민의 삶과 정서를 생동감 넘치게 묘사한 풍속화를 남겼다. 그의 그림은 인기가 워낙 높아 "그림을 구하는 자가 날마다 무리를 지으니 비단이 더미를 이루고, 찾아오는 사람이 문을 가득 메워 잠자고 먹을 시간도 없을 지경"이라고 《단원기》는 쓰고 있다.

김홍도는 37세이던 1781년 정조의 초상을 그리고 그 상으로 종 6품 안기 찰방 벼슬을 받았다. 이에 강세황은 "나라에서 기술자를 등용한 것이 본시 여간해서 없던 일"이라고 감탄했다.

김홍도는 1788년 정조의 명으로 금강산 등 영동 일대를 기행하며 명승지를 화폭에 담았다. 그는 정조가 아버지인 사도세자의 묘를 화성으로 모시며 현륭원을 건설할 때 현륭원의 원찰인 용주사의 후불탱화後佛幀畵 제작에도 참여했는데 이 작품은 조선 후기 명작 불화가 됐다. 그는 1791년 다시 정조의 초상을 그렸고 그 공로로 연풍 현감에 제수됐다.

현감에서 물러난 뒤로는 자유롭게 자신이 그리고 싶은 그림에 전념해 산수, 화조, 인물화 등에서 걸작들을 쏟아냈다. 이 시기 대표작인 〈해학신선도海鶴神仙圖〉, 〈마상청앵도馬上聽鶯圖〉, 〈세마도洗馬圖〉는 대담한 생략과 거침없는 붓길이 대가다운 자신감을 보여준다는 평가를 받는다.

숱한 예술가가 그렇듯 김홍도 역시 가난했지만 그에 구애받지 않았다. 그런데 이상한 일이다. 김홍도의 그림값은 비쌌다. 그는 왜 가난하게 살았던 걸까. 조희룡이 쓴 《호산외사壺山外史》를 보면 그 이유를 짐작할 수 있다. 그는 김홍도에 대해 이렇게 쓰고 있다. "김홍도는 집이 가난하여 더러는 끼니를 잇지 못하였다. 그림을 그려달라며 보내온 3000냥 중 진귀한 매화 한 그루를 2000냥으로 사

● 이종상, 〈김홍도 표준영정〉
1980년, 119.2 × 85.7㎝, 국립현대미술관

고 800냥으로 술을 두어 말 사 매화음梅花飮(매화 감상회)을 마련하고
나머지 200냥으로 쌀과 땔나무를 사니 하루의 계책도 못 되었다."
현재 그의 작품은 300점 정도가 전해진다. 김홍도가 언제 죽었는
지는 정확하지 않다. 1805년 12월에 쓴 편지가 남아있고 이후 행
적과 작품이 일절 전하지 않아 62세이던 1806년 사망했을 것으로
추측할 뿐이다.

그렇다면 김홍도의 실제 외모는 어땠을까. 우리에게 익숙한 단
원의 표준영정은 율곡 이이 표준영정을 그린 일랑 이종상의 작품
이다. 수염이 풍부하며 선이 굵은 인상이다. 영화나 TV 드라마에

● 김홍도, 〈전 김홍도 자화상〉
18세기, 43×27.5cm, 평양조선미술박물관

서 김홍도 역을 캐스팅할 때는 그의 표준영정을 참고하는 듯하다.

하지만 《단원기》는 그를 다르게 표현한다. "얼굴이 청수淸秀하고 정신이 깨끗하여 보는 사람마다 모두 고상하고 세속을 초월하여 아무 데서나 볼 수 있는 평범한 사람이 아님을 다 알 수 있다"는 것이다. 강세황은 김홍도를 두고 "아름다운 풍채에 도량이 크고 넓어 작은 일에 구애되지 않았으므로 사람들이 그를 가리켜 신선과 같다고 하였다"고도 했다.

김홍도는 미술뿐만 아니라 음악도 즐겼다. 《단원기》는 그가 "꽃피고 달 밝은 저녁이면 거문고 한두 곡을 연주하였고 즉석에서 한 시를 남길 정도로 문학적 소양도 갖고 있었다"고 기술한다.

평양 조선미술박물관이 소장하고 있는 〈전傳 김홍도 자화상〉은 이런 그의 풍모를 잘 보여준다. 가지런하게 정리된 방 가운데 김홍도가 정좌하고 있는 모습을 그린 것으로 그림 속의 단출한 그림 도구와 생활공간을 통해 김홍도의 청아하고 고고한 정신세계를 느낄 수 있다. 자화상 속의 단원은 필치로 볼 때 30대 후반의 나이였을 것으로 짐작된다. 이 그림이 단원의 다른 작품에 비해 격이 낮다는 견해도 있다.

〈마상청앵도〉와 〈포의풍류도布衣風流圖〉에 나타난 남성이 단원 김홍도 자신을 모델로 한 것이라는 주장도 있다. 이 두 작품의 주인공도 〈전 김홍도 자화상〉처럼 긴 얼굴에 수염이 적고 안색이 맑고 깨끗하다.

시대를 풍미한
기인 화가들의 숨겨진 얼굴

17세기 활동했던 연담 김명국(생몰년 미상, 1600년 무렵 태어난 것으로 알려짐)의 대표작인 〈달마도〉는 경쾌한 붓놀림으로 달마대사의 이국적인 풍모와 구도심求道心을 단숨에 표현하고 있다. 그러면서도 한 치의 실수도 찾을 수 없는 신필神筆의 기교를 뽐낸다. 그림은 대범하고 즉흥적이지만 고도의 집중력이 발휘됐음이 느껴진다. 달마는 중국 선종의 시조다. 이 '달마도'는 김명국이 조선통신사 일행으로 일본에 갔다가 그곳 사람들에게 그려주고 왔던 작품이며 우리 측에서 되사 현재 국립중앙박물관에서 소장하고 있다. 김명국은 평생 도화서 화원으로 활동했으며 환갑이 넘어서도 국가적 행사를 준비하는 도감都監에 차출돼 의궤를 제작하는 데 참여했다.

그는 생애 두 차례나(1636, 1643) 통신사 수행화원으로 일본에 다녀왔다. 그의 그림은 일본에서 대 선풍을 일으켰다. 당시 일본에서는 불교가 성행해 선종화禪宗畵에 대한 수요가 매우 높았다. 선종화는 선종의 이념이나 그와 관계되는 소재를 다루며 수묵 위주의 빠르고 거친 필치로 단순하게 그리는 것이 특징이다. 일필휘지의 김명국 그림은 이 같은 일본인들의 요구에 딱 맞아떨어져 열렬한 환영을 받았다.

김명국, 〈달마도〉 부분
17세기, 전체 83 × 58.2㎝,
종이에 먹, 국립중앙박물관

　그는 첫 번째 방문 때부터 일본인들에게 크게 시달렸다. 그의
그림을 구하려고 몰려드는 사람들로 인해 고초를 겪었기 때문이
다. 부사 김세렴의 일기《해사록》1636년 11월 14일 자에는 "그림
을 청하는 왜인이 밤낮으로 모여들어 김명국이 울려고 했다"고 적
혀 있다. 두 번째 방일은 "연담을 보내달라"는 일본 측의 공식 초
청으로 이뤄질 정도로 김명국의 인기와 명성은 꺾일 줄 몰랐다.
일본이 현종 3년(1662) 동래부사를 통해 김명국의 그림을 사 가려
고 했다는 기록도 남아있다.

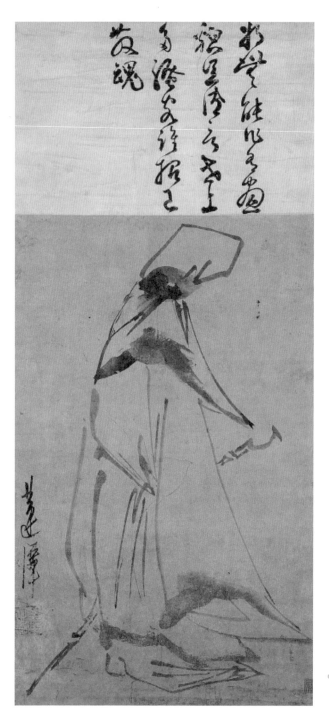

● 김명국, 〈은사도〉
17세기, 60.6×39.1㎝,
국립중앙박물관

'김명국' 하면 술을 빼놓고 얘기할 수 없다. 그는 말술을 마셨으며 술에 취한 후 붓을 휘둘를 때 필치는 더욱 자유분방하고 신비로운 기운이 넘쳐흘렀다. 그에게 술은 예술적 감성을 극대화하는 매개체였다. 그가 일본에 머무를 때의 일화다. 한 일본인이 김명국 벽화를 얻기 위해 세 칸의 건물을 짓고 그림을 그리기 위한 금물까지 준비해 그를 초빙했다. 그런데 김명국은 술부터 찾고서 취하도록 마신 뒤 금물을 벽에 뿜어서 다 비워버리자 큰 사례비까지 준비해 놓고 있던 주인은 당혹감과 실망감을 감추지 못했다. 하지만 김명국은 결국 생동감 넘치며 신묘한 느낌마저 감도는 대작을 완성했다. 그림이 모습을 드러내자 이를 보기 위해 인파가 쇄도했다.

　김명남은 영남의 한 스님이 부탁한 대형 채색불화 〈명사도冥司圖〉(지옥도)를 제작하면서도 그리는 것을 계속 미루다가 술에 취한 상태에서야 비단을 펴놓고 한순간에 그림을 끝내 모두를 놀라게 했다. 가난에 쪼들렸던 김명국은 인물화를 포함해 산수화, 화조화, 사군자 등 다양한 분야에서 수많은 그림을 그렸지만, 지금 남은 것은 일본에 있는 13점을 포함해도 30점이 채 안 된다. 이 가운데 '은사도'라는 작품이 있다. 두건을 쓰고 대나무 지팡이를 짚으며 어디론가 가는 사람의 뒷모습을 담고 있는 이 그림은 김명국의 만년 작품이다. 그림에서는 술에 취하지 않으면 재주가 다 나오지 않았다는 연담의 호방한 기운은 찾아보기 어렵다. 오히려 '달마도'에서 조차 찾을 수 없는 철학적 정취마저 풍긴다. "없는 데서 있는 것을 만드는데, 그림으로 그리면 되었지 무슨 말을 덧붙이겠는 가. 세상엔 시인이 많고도 많다지만, 이미 흩어진 넋을 누가 불러 줄 것인가.” 은사도에 적힌 발문이다. 일각에서는 글의 내용을 통해 화가가 죽음을 향해 무거운 걸음을 내딛는 자신의 모습을 표현했다고 주장한다.

'기인 화가'로 김명국과 쌍벽을 이루는 사람이 있다. 오원 장승업 (1843~1897)이다. 오원吾園이라는 호는 단원檀園 김홍도처럼 “나吾 도 원園이다”라는 의미에서 지었다. 당대 최고 화가로 인식됐던 김홍도와 비교해 못할 게 뭐냐는 강한 자신감의 표현이다.

장승업은 어려서 부모를 잃어 고아로 자랐다. 그는 추사 김정희 의 제자 이상적의 사위이자 역관으로 중국 명서화에 조예가 깊었던 이응헌 집에서 심부름하며 어깨너머로 그림을 배웠다. 얼마 지나지 않아 장승업은 그림에 천부적 재능을 보이게 되고 그 명성이 궁궐에까지 알려져 고종은 그에게 벼슬을 주고 궐내에서 수십 첩 병풍을 그리도록 했다. 그러나 그는 술과 여자를 좋아했으며 무엇에도 얽매이기 싫어해 궁을 빠져나간 뒤 자유롭게 떠돌아다녔다. 55세에 사망했지만 어디서 어떻게 세상을 떠났는지는 파악되지 않는다.

그는 정신적 측면보다 기교적인 형태 표현에 치중했다. 인물 묘사와 영모, 화훼, 절지 등 대부분 작품에서 중국 취향이 두드러지지만 다양한 소재에서 천재적 기량을 과시했다. 흩어진 듯 짜임새 있

● 장승업, 〈녹수선경〉
17세기, 23.23×35.3㎝, 간송미술관

는 구성과 개방된 공간, 힘차고 능숙한 필법, 강렬한 묵법과 섬세한 설채법의 뚜렷한 대조, 화면 전체에 넘치는 생동감 등이 특징이다.

장승업의 이러한 화풍은 심전 안중식, 소림 조석진에게 계승됐고 이들을 통해 다시 그들의 제자인 노수현, 이상범, 변관식 등 현대 화가들에게 이어졌다. 장승업의 자화상은 존재하지 않는다. 다만 장승업이 〈녹수선경鹿受仙經〉 속 신선에 자신의 얼굴을 투영한 것이 아니냐는 분석이 제기된다. 소나무 그늘에 앉아 사슴에게 경전을 가르치는 신선의 모습이 너무도 사실적으로 묘사되어 있기 때문이다.

최북(생몰년 미상, 1720년 무렵 태어난 것으로 추정) 또한 김명국, 장

승업과 함께 '조선 3대 기인
화가'로 꼽는다. 일체의 구
속을 싫어했던 최북은 자신
의 호를 '붓 한 자루에 의지
해 먹고사는 사람'이라는 의
미를 지닌 '호생관毫生館'이라
칭했다. 이름인 북北을 둘로
갈라 '칠칠ㄴㄴ'로도 불렸던
그는 메추라기를 잘 그렸고
산수화에 뛰어났다.

최북은 영조 3년(1747)에
서 24년 사이에 통신사를 따
라 일본에 다녀왔다. 술버릇
이 심했고 성격이 괴팍해 숱
한 일화를 남겼다. 도성 내
오두막에 살면서 종일 산수

● 최북, 〈풍설야귀인도〉
조선 시대, 66.3×42.9㎝, 종이에 채색, 개인소장

화를 그려야 아침저녁 끼니를 때울 수 있을 정도로 궁핍한 생활을
했지만 가난한 이에게는 백동전 몇 닢에도 선뜻 그림을 건네줬다.
반면 돈 보따리를 싸 들고 거드름을 피우는 고관대작들에게는 엉터
리 그림을 던져 줘 희롱했다고 한다.

그에게는 '조선의 고흐'라는 별칭도 있다. 한 권력자가 최북에게

그림을 그려달라 요청했으나 화가는 거절한다. 이에 권력자가 협박으로 응대하자, 최북은 분노하며 문갑 위 필통에서 송곳을 꺼내 스스로 한쪽 눈을 멀게 했다. "차라리 자해할망정 남에게 구속받지 않겠다"라고 말했다는 그는 그때부터 애꾸가 되어 항상 반 안경을 쓰고 그림을 그렸다. 조선 말기 화가 이한철 작으로 알려진 최북 초상화는 눈을 잃은 그의 모습을 그린 것이다.

최북은 금강산을 유람하며 술에 취해 울다, 웃다가 "천하의 명사가 천하의 명산에서 죽으니 족하다"고 외친 뒤 구룡연에 투신한 적도 있다. 주위 사람들이 겨우 구해내 자살미수에 그쳤다. 광기의 예술가는 열흘을 굶주린 끝에 겨우 그림 한 폭을 팔고 만취해 귀가하던 중 눈 내린 밤 홑적삼 차림으로 도성 한 귀퉁이에서 동사했다. 그의 대표작〈풍설야귀인도風雪夜歸人圖〉(눈보라 치는 밤에 돌아온 사람)는 외롭고 높고 쓸쓸하게 살다 간 화가의 최후를 떠올리게 하는 작품이다. 영 · 정조시대 문신 신광하(1729~1736)는 그를 애도하는 〈최북가〉를 남겼다.

그대는 보지 못했는가. 최북이 눈 속에 얼어 죽은 것을. 갖옷 입고 백마 탄 너희들 대체 뉘 집 자식인가. 너희들 제멋대로 하고 그의 죽음 슬퍼할 줄도 모르니, 최북의 미천한 처지 참으로 애달픈 일이라. (중략) 아! 최북이여, 몸은 비록 얼어 죽었으나 이름은 길이 지워지지 않으리.

조선 최고의 부자 화가
겸재 정선

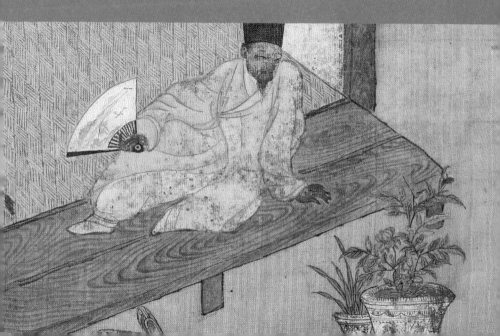

국보 제216호 〈인왕제색도仁王霽色圖〉는 비 온 뒤 안개
가 피어오르는 인왕산의 실제 모습을 사실적으로 화폭에 실은 우
리나라 미술계 불후의 명작이다. 국보 제217호 〈금강전도金剛全圖〉
는 마치 항공 촬영을 하듯 하늘 위에서 금강산 1만 2,000봉우리
를 장대하게 담아내 금강산 그림 가운데 단연 최고로 평가받는다.

이 그림들을 그린 겸재 정선(1676~1759)은 중국 관념산수(실제가
아닌 상상 속 풍경)의 답습이 아닌 중국 화본을 바탕으로 조선의 실
제 산천을 있는 그대로 묘사해 '진경산수화眞景山水畵'라는 새로운 화
풍을 개척한 인물로 유명하다.

조선 후기 최고의 화가였던 그는 김홍도와 신윤복 등 중인 신분
의 여느 화원들과 달리 양반 출신이었다. 성리학과 학문에도 조 예
가 깊었고, 말년에 이르러서는 벼슬이 종2품의 동지중추부사에 올
라 드물게 세속적으로도 성공한 화가였다. 건강한 삶을 살아 84세
라는 기록적인 수명도 누렸다.

겸재는 서울 북악산 남서쪽 자락의 순화방 유란동(현재 경복고등
학교 부근)에서 출생했다. 그의 집은 가난했는데 14세 때 아버지까
지 여의자 생계를 위해 화인畵人의 길을 택했다. 그의 집은 당시 노
론의 영수領袖였던 김수항과 '6창'으로 불렸던 창집, 창협, 창흡, 창

● 정선, 〈경교명승첩-독서여가〉
18세기, 전체 24.1 × 16.9㎝, 간송미술관

업, 창즙, 창립 등 그의 여섯 아들이 지내는 신흥 안동 김씨 가문 근처에 있었다. 겸재의 그림은 김씨 가문의 감식안에 들면서 새로운 전기를 맞는다. 겸재는 안동 김씨 가문에서 성리학과 시문을 수업받으며 깊은 인연을 쌓았고, 이들의 적극적인 후원으로 화단에서 크게 두각을 나타냈다.

겸재가 인생에서 전성기를 맞은 것은 30대 중반을 넘어서면서부터다. 두 차례에 걸친 금강산행은 화가로서의 시각과 화단에서 그의 명성을 바꾸는 계기가 된다. 그가 36세이던 1711년 1차 여행에선 〈신묘년 풍악도첩〉 13폭을, 1년 뒤인 37세 때 떠난 2차 여행에선 〈해악전신첩海岳傳神帖〉 30폭을 각각 내놓았다. 1차 여행은 후원자이자 스승인 안동 김씨 문중의 김창흡(1653~1722)이 제자들을 데리고 떠나는 금강산행에 동행한 것이고 2차는 동생, 후배 등과 함께한 편안한 여행이었다.

기분 좋은 여행에서 그렸기 때문인지, 〈해악전신첩〉은 많은 사람의 찬사를 받으며 정선이 진경산수화가로 입지를 굳히는 데 큰 역할을 했다. 김창흡의 동생 김창업(1658~1721)은 그림을 청나라 연경으로 가져가 중국 화가들에게 품평하게 했고, "공재(윤두서)를 능가한다"는 찬사를 받았다. 이 소리에 최고 화가였던 윤두서가 굴욕감을 느끼고 낙향을 했다는 얘기도 전해진다. 안타깝게도 〈해악전신첩〉은 현재 전해지지 않는다.

삼성 리움미술관이 소장하고 있는 걸작 〈금강전도〉는 겸재가 청

작자 미상, 〈김창흡 초상〉
19세기, 51.2×39.5㎝, 덴리대학

하(포항) 현감으로 재임하던 1734년에 탄생했다. 겸재의 유별난 금
강산 사랑은 여기에 그치지 않는다. 그는 1747년인 72세에 또다시
금강산을 그린다. 〈정묘년 해악전신첩〉이 그것이다.

　세자 시절 겸재에게 그림을 배웠던 영조는 그를 각별히 총애했
다. 왕이 되어서도 그의 이름을 부르지 않았고 항상 '겸재'라 칭하
며 귀하게 모셨다. 영조는 겸재보다 18년 연하였지만 83세까지 장
수 하면서 둘은 60년 가까운 시간을 함께했다. 겸재는 40대 이후
관직에 본격 진출한다. 왕은 겸재가 화업畵業을 이룰 수 있도록 산

수가 빼어난 지역의 지방관으로 나갈 수 있게 배려했다.

그는 65세부터 70세까지 경기도 양천현령을 지내면서 〈경교명
승첩京郊名勝帖〉을 제작하게 되는데, 서울 근교와 한강변의 명승지를
25폭의 그림으로 형상화했다. 직접 발로 걷고 배를 타고 가면서 그
린 그림들은 오늘날까지 300년 전 한강과 서울 교외의 자취를 생
생하게 전해준다. 가장 친한 벗인 이병연(1671~1751)이 시를 덧붙인
이 화첩을 무척 아꼈던 그는 '천금물전千金勿傳(천금을 준다고 해도 남에
게 넘기지 말라)'이라는 인장까지 남겼다.

겸재는 1727년 북악산 남서쪽 집을 아들에게 물려준 뒤 인왕산
동쪽 기슭인 인왕곡으로 이사한다. 그리고 84세로 생을 마칠 때까
지 이곳에 살며 마지막 순간까지 붓을 놓지 않았다. 76세 되던 해
인 1751년 인왕산의 웅장한 자태를 최고의 필치로 묘사한 〈인왕제
색도〉를 비롯해 〈백악산〉, 〈백운동〉, 〈필운대〉, 〈세검정〉 등 진경산
수화의 백미들을 쏟아냈다.

겸재는 말년에 인왕산 계곡에서 은일隱逸의 삶을 즐겼다. 그가 유
유자적 살아가는 자신의 모습을 자화상처럼 그린 그림이 2점 남아있
다. 인왕산에 있던 자신의 집을 배경으로 한 〈인곡유거도仁谷幽居圖〉
와 이곳에서 쉬고 있는 정선 자신의 모습을 그린 〈독서여가讀書餘暇〉
다. 〈인곡유거도〉는 인물을 너무 작게 그려 차림만을 짐작할 수 있
을 뿐이지만 〈독서여가〉는 표정까지 알 수 있을 정도로 얼굴이 구
체적으로 묘사돼 있다.

독서를 하면서 여가를 즐긴다는 뜻의 〈독서여가〉에는 툇마루에 나와 앉아 망중한에 젖어 있는 선비가 등장한다. 선비는 정선 자신이다. 단정하게 차려입은 겸재는 한 손에 부채를 들고 편안한 자세로 화분을 바라보고 있다. 초가집과 책장의 책들, 화분에 핀 난초와 작약, 방 뒤쪽에 서 있는 푸른 향나무 등은 겸재가 추구했던 소박 하면서도 고상한 정신세계를 간접적으로 표현하고 있다. 책 읽기를 일삼고 서화에 뛰어나며 자연과 풍류를 즐기던 조선 시대 선비의 전형적인 모습이다. 그는 화가였지만 사실 학문에 심취했다. 따라서 서가를 가득 채운 책들은 그가 탐독했던 주역과 관련된 것으로 보인다.

안료가 산화돼 안면 등의 부분이 까맣게 변질되긴 했지만 〈독서여가〉 속 그의 얼굴에서는 온화하고 격조 높은 선비의 인상이 풍긴다. 체구가 자그마하며 얼굴에 살집이 좀 느껴진다.

〈인곡유거도〉에서 조그만 기와집의 열린 창문을 통해 보이는 선비도 겸재일 것으로 판단된다. 작품에 나타난 소탈한 구성과 단아한 필묘, 고운 담채, 조용하고 편안한 경치는 겸재가 조용하고 정취를 즐기는 인물이었음을 알게 한다.

정선은 총 400여 점의 작품을 남겼다. 영조대의 실학적 기풍이 태동하던 시절에 이런 혁신적인 그림은 지식인들의 심장을 뛰게 했다. 18세기 후반 이후에는 권위 있는 거의 모든 집안에서 정선의 그림을 소장할 만큼 화가로서 그의 위상은 높았다. 그의 그림은 한양의 좋은 집 한 채 값이었다고 한다. 요즘으로 치면 10억 원은 족히 되지 않았을까?

그림 속 어린 신윤복은
왜 울고 있나?

'동생에게 엄마의 사랑을 빼앗겨 보채고 있는 사내 아이는 누구인가?'

어린아이에게 젖을 물리고 있는 중년 여성과 두 아이 모습을 담은 〈자모육아慈母育兒〉의 작자는 신한평(1726~미상)이다. 실록은 신한평이 보물 제1486호 이광사 초상화(국립중앙박물관 소장)를 그린 도화서 화원이자 정조 초상화를 제작한 어진화사였다고 전하지만, 사실 그는 조선 후기 대표적 풍속화가인 혜원 신윤복(1758~미상)의 아버지로 더욱 유명하다.

〈자모육아〉 속 여인은 왼쪽 무릎을 세우고 앉아 편한 자세로 막내에게 젖을 먹이고 있다. 아랫도리를 드러낸 어린 아기는 오른손으로 젖을 만지작거리면서 온 힘을 다해 젖을 빨고 있다. 아기를 너그럽고 인자하게 내려다보는 여인의 시선에서 자식에 대한 사랑이 느껴진다. 어머니 오른쪽에서 울고 있는 아기의 형은 엄마의 관심이 동생에게만 가 있는 것이 못마땅한지 손으로 눈물을 훔치고 있다. 이와는 대조적으로 왼편의 큰딸은 이제 다 컸다는 듯 복주머니를 만지며 혼자 놀고 있다.

〈자모육아〉는 실상 신한평의 가족화다. 신한평 가족은 모두 다섯 명이었다. 배경은 생략돼 있으며 그림 속 인물들이 모두 오른

● 신한평, 〈자모육아〉
18세기, 23.5×31cm, 종이에 수묵담채, 간송미술관

편에 배치됐다. 화면에 그의 모습은 보이지 않지만, 왼쪽에 화가
의 호인 '일재逸齋'를 비중 있게 적어 자신의 존재를 분명히 하고 있
다. 신윤복에게는 신윤수라는 남동생이 있었다. 그림에서 엄마에
게 안겨 있는 아기가 신윤수이고 그 뒤에 서서 투정을 부리고 있
는 사내아이가 바로 신윤복인 것이다.

조선 시대 문학과 예술에서 '어머니'는 한없는 그리움의 대상이

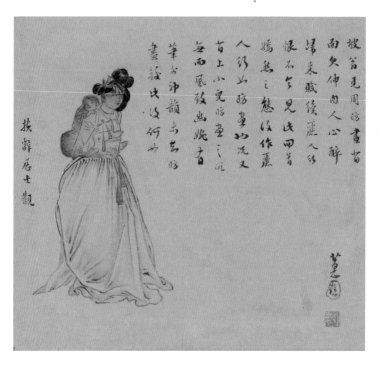

坡翁見周昉畫首
面欠伸曰人心醉
婦來賦後避人影
懷不乍見此四喜
媽慈之態以作嬪
人鄰山坊畫地況又
古上小兒临畫之流
無而風致出妙者
筆分沖韻云云吟
盡裁此以何如

扶醉居士觀

蕙園

● 신윤복, 〈아기 업은 여인〉
  18세기, 24.8 × 23.3㎝, 종이에 엷은 채색, 국립중앙박물관

며 자애와 헌신의 상징으로 묘사됐다. 어린아이를 안고 있는 어머
니의 표정은 세상 그 무엇보다 따뜻하고 평화롭다. 이러한 모습을
담은 모자상은 고대부터 예술의 중요한 모티프였다. 하지만 여성
을 화폭에 담는 것을 극도로 꺼렸던 우리나라는 모자상이 흔치 않
으며 조선 말기에 이르러서야 조금씩 그려지기 시작했다.

 신윤복도 모자상을 남겼다. 국립중앙박물관에 소장된 〈아기 업은 여인〉이라는 작품이다. 주로 젊은 남녀의 춘정을 소재로 그림을 그렸던 신윤복이 이 같은 모자상도 남겼다는 사실은 거의 알려지지 않았다.

그림 속 아기를 업고 있는 여인은 훤칠한 키에 가녀린 몸매, 항아리 같은 넓은 치마, 풍성한 가채를 얹은 머리를 미뤄보아 기녀로 추정된다. 젊은 나이여서 아직 기방에 메인 몸일 것이다. 기녀라는 천한 신분과 그 피붙이에게 놓인 험난한 인생이 쉽게 짐작돼 애처롭기 그지없다. 짧고 꼭 끼는 저고리 밑으로 젖가슴이 드러나 있으며 젖 먹이 어린아이를 등에 업은 모습에서 강한 모성애가 풍긴다. 오른쪽 아래에 호 '혜원'을 쓰고 신윤복의 낙관 중 하나인 '와간운臥看雲'이라고 새긴 네모난 도장을 찍었다. 화면 여백에는 부설거사가 그림을 보고 쓴 긴 글이 적혀 있으나 그가 어떤 인물인지에 대해서는 전해지는 게 없다. 글의 내용은 다음과 같다.

> 파옹(소동파)이 당나라 화가 주방周昉의 미인도를 보고 감동받아 속여인행續麗人行을 지었다. 파옹이 그랬던 것처럼 머리를 돌린 그림을 보고 속여인행과 같은 글을 다시 짓지 못하는 것이 안타까울 따름이다. 하물며 등에 업힌 어린아이는 주방의 그림에는 없는 것이고 여인의 얌전하고 아리따운 모습은 어찌 신운神韻이 없다 할까. 주방의 그림과 이 그림을 비교한다면 어떨런가. 부설거사가 보다.

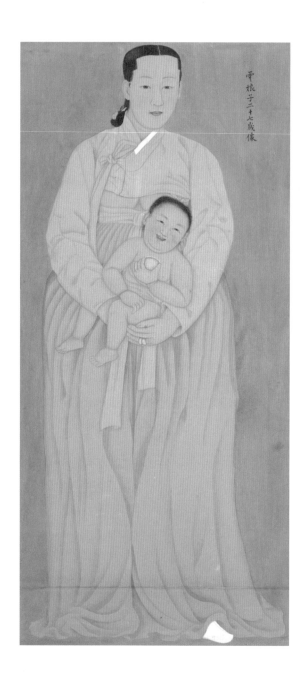

　● 채용신, 〈운낭자상〉
　　1914년, 120.5×62cm, 종이에 채색, 국립중앙박물관

고종 어진 제작에 참여한 채용신 (1848~1941)의 모자상은 전통화법을 바탕으로 서양화법이 가미된 그의 여느 작품과 견줘도 손색없는 높은 예술성을 자랑한다. 채용신 모자상은 평안도 가산의 관청에 소속된 기생이었던 '운낭자雲娘子'가 모델이다.

운낭자의 본명은 최연홍(1785~1846)이다. 그녀는 27세이던 순조 11년 (1811) 홍경래의 난이 일어나자 반란군에게 죽임을 당한 가산군수 정시 (1768~1811)와 그의 아들의 시신을 수습해 장사를 지내고 군수의 동생을 치료해줬다. 소식을 전해 들은 조정에서는 운낭자의 행적을 가상히 여겨 기생 신분에서 제외시키고 논과 밭까지 하사했다. 그녀가 죽은 뒤에는 초상화를 그려 열녀각인 평양의 열사에 봉안했다.

● 작자 미상, 〈미인도〉
19세기, 129.5×52.2cm, 동아대학교박물관

〈운낭자상〉은 1914년 운낭자의 27세 때 모습을 연상해 그린 작품이다. 그림 속 사내아이를 안고 있는 여성의 모습은 성모자상聖母

子像을 연상시킨다. 얼굴 표현 등 전체적으로 전통 화법이 사용되었으나 담채에 의한 음영법과 옷 주름에 가해진 입체감 등에서는 서양 화법이 쓰였음을 알 수 있다. 이런 절충 양식은 조선 말기와 근대 초상화에서 볼 수 있으며 채용신 회화의 특징이기도 하다.

동아대학교 박물관은 작자 미상의 미인도를 소장하고 있는데, 〈운낭자상〉과 이 미인도가 매우 흡사하여 '두 작품의 화가가 동일 인물이 아닐까' 하는 호기심을 자아낸다. 사실 운낭자의 초상화는 후대에 제작되었기 때문에, 실제 인물과 닮게 그렸다기보다는 인물의 업적을 기리는 차원에서 이상화된 형상과 모델을 활용했을 거라는 평가가 있다. 동아대학교 박물관이 소장한 미인도는 가채가 없는 쪽진 머리를 매만지는 여성의 그림으로, 전형적인 19세기의 미인도다. 치켜든 팔을 따라 올라간 저고리 밑으로 여인의 가슴이 드러나 있고 나머지 한 손으로 살며시 들어 올린 치맛자락 아래 속바지와 양 버선발이 보인다.

〈운낭자상〉과 이 미인도는 전체적인 구도나 풍만한 육체 묘사, 드러난 가슴, 양쪽으로 벌린 버선발 등이 많이 닮았다. 미인도의 제작 연도와 작자는 모두 미상이다. 하지만 일각에서는 두 그림이 너무 흡사해 채용신이 이 미인도의 화가라고 주장한다.

명품 고전 시가를 남긴
대문장가들

이 중에 시름없는 것은 어부의 생애로다. 일엽편
주一葉片舟를 만경파萬頃波(넓은 바다)에 띄워 두고 인세人世(인간 세상)를
다 잊었거니 날 가는 줄을 알까.

〈어부가〉 중에서

농암 이현보(1467~1555)의 대표작인 〈어부가〉 5수 중 첫 번째 수
다. 자연을 벗하며 고기잡이를 하는 풍류를 그린 작품으로 고등학
교 교과서에 실려 더욱 유명해진 가사다. 조선 시대를 대표하는
문신이었던 농암은 은일隱逸의 삶을 즐기면서도 인간사에 초연할
수 없었던 것일까. 그의 가사에서는 임금을 향한 충성심과 국사에
대한 걱정이 곳곳에서 절절히 묻어난다. 농암은 83세에 〈어부가〉
를 완성했다.

자연에 묻혀 사는 삶과 자연의 아름다움을 노래하는 강호문학
의 선구자인 농암은 세조 13년(1467) 안동 예안에서 태어났다. 그
는 32세였던 1498년 문과에 급제해 벼슬길에 올랐다. 사간원 정
언 시절 연산군 눈 밖에 나 귀양을 갔으며 중종반정 이후 조정에
복귀했다. 그는 효성이 지극하기로 유명했다. 부모를 모시기 위해
고향 근처에 근무할 수 있는 자리를 선호했으며 휴가 때마다 고향

옥준상인, 〈이현보 초상〉(보물 제872호)
16세기, 126×105㎝, 비단에 채색, 한국국학진흥원(영천이씨 농암종택 기탁)

에 내려왔다고 한다. 그는 고향의 농암바위 위에 '날을 아껴 효도하겠다'라는 뜻의 '애일당愛日堂'을 짓고 명절마다 이곳에서 색동옷을 입고 재롱을 부리면서 연로한 아버지를 즐겁게 했다. 인근 노인들까지 모셔 잔치를 베푸는 구로회九老會도 열었다.

집 밖으로는 적선積善(선행을 쌓음)을 실천했다. 청백리로도 명성이 높았던 농암은 '얼굴은 검으나 내면은 맑고 냉엄하다'는 의미인 '소주도병燒酒陶瓶'으로 불릴 만큼 자기관리가 철저했다. 그의 가정 형편이 너무 어려워 조정에서 쌀과 고기를, 임금은 비단을 내렸다고 한다. 덕행을 쌓아서인지 농암가문은 대대로 장수했다. 농암 89세, 아버지 이흠 98세, 아들 이문량 84세, 이희량 65세, 이중량 79세, 이계량 83세, 이윤량 74세, 이숙량 74세 등 평균수명이 80세가 넘는다. 농암은 동향인 퇴계 이황(1501~1570)과도 친분이 두터워 자주 만나 시를 읊었다. 보물 제872호로 지정된 〈농암 초상화〉는 그가 71세였던 경상도 관찰사 시절 영정이며 크고 거무스름한 얼굴 묘사에서 거칠 것 없는 당당함과 호방함이 느껴진다. 그림은 대구 동화사 화승 옥준상인玉峻上人이 그린 것으로 알려져 있으며 높은 모자와 허리띠 장식, 벼루갑과 서책이 놓인 경상, 손에 쥔 불자 등 16세기 고위 지방관 복식과 소도구 특징을 보여줘 자료로서 가치도 높다는 평가다.

"동창이 밝았느냐 노고지리 우지진다. 소 치는 아이는 상기
아니 일었느냐. 재 너머 사래 긴 밭을 언제 갈려 하느니"

약천 남구만(1629~1711)의 시조 〈동창이 밝았느냐〉도 학창 시절
자주 암송되던 것이다. 이 시조는 약천이 벼슬에서 물러나 전원생
활을 할 때 썼으며 봄날 농촌 일상을 보여주고 있다. 백성들이 근
면한 생활을 하기를 바라는 마음을 나타냈지만, 나랏일에 관심을
두지 않고 당쟁만 일삼고 있는 관료들을 꾸짖는 것으로 해석되기
도 한다. 그는 1656년 28세에 문과에 을과로 급제했으며 함경도관
찰사, 전라도관찰사, 대사성, 형조판서, 병조판서 등 조정 요직을

거쳐 우의정, 좌의정, 영의정에 올랐다.

그는 당대 대표적인 일본통으로서 1681년 에도막부 제5대 쇼
군 도쿠가와 쓰나요시가 취임한 것을 축하하기 위해 일본에 통신
사로 다녀왔다. 서인이었던 그는 남인과 대립해 유배를 가기도 했
으며 서인이 노론과 소론으로 분열되자 소론 영수가 됐다. 1694년
갑술환국이 일어나자 이번에는 노론에 맞서 희빈 장씨를 두둔했고
그녀의 오빠 장희재가 위기에 몰렸을 때도 세자의 외숙임을 생각
해 그의 목숨을 살리는 데 일조했다. 이 일로 노론의 공격을 받아
1701년 파직돼 낙향했다. 경사經史와 문장에 전념하다가 83세에
세상을 떠났다. 보물 제1484호인 약천 초상화는 좌상단에 대사성
최창대가 쓴 장문의 찬문이 적혀 있는데 최창대가 대사성으로 있었
던 것은 1711년뿐이어서 그때 제작됐을 가능성이 크다. 드문 정면
상이면서 얼굴 입체감이 두드러져 18세기 초 새로운 영정 유형과
기법이 대두했다는 사실을 알려주는 중요한 작품으로 분류된다.

"이화梨花에 월백月白하고 은한銀漢이 삼경三更인 제. 일지一枝 춘
심春心을 자규子規야 알랴마는. 다정多情도 병인 양하여 잠 못 들어
하노라"

〈다정가〉로 불리는 이 시조 역시 교과서에서 볼 수 있다. 봄밤
의 애절한 마음과 감상이 절묘하게 표현된 이 걸작 시에는 나라

를 걱정하는 애절한 심정과 하소연이 잘 드러나 있다. 작자 이조년(1269~1343)은 고려 원종 10년 경북 성주에서 태어났으며 충렬왕 때 문과에 급제했다. 그는 원나라의 간섭을 받던 정치적 혼란기인 충렬왕과 충선왕, 충숙왕, 충혜왕까지 4대에 걸쳐 왕을 보필했다. 그는 품성이 강직해 충직한 직언을 마다하지 않았다. 1340년인 충혜왕 때 대제학이 돼 성산군에 봉해졌지만 충혜왕이 황음荒淫(음탕한 짓)을 함부로 함을 수차례 간언하다가 고쳐지지 않자 벼슬을 그만두고 낙향했다. 고려말 권력자였던 이인임이 그의 손자다.

〈이조년 초상〉은 흰머리와 흰수염으로 볼 때 고향에서 말년을 보내던 그의 모습을 담은 것으로 보인다. 작은 눈동자, 꼭 다문 입술, 다부지게 쥔 손, 의자 팔걸이에 올린 팔꿈치, 당당한 어깨선은 올곧은 그의 성품을 대변한다. 1825년 이모된 것으로 문중 사당에 봉안됐다가 한국학중앙연구원에 기증됐다. 애초 불교를 상징하는 염주를 쥐고 있었지만 이모 과정에서 삭제됐다. 다만 원나라 양식의 둥근 모자는 그대로 살려뒀다.

서포 김만중(1637~1692)이 귀양지에서 어머니를 위로하기 위해 지은 《구운몽》은 한국 고대소설 중 불후의 명작이다. 육관대사의 제자 성진이 인간 세상에서 팔선녀와 부귀 향락을 누리다가 만년에 인생무상을 느끼고 불문에 귀의한다는 것이 소설의 줄거리다. 주제나 사상이 다양하고 꿈과 현실을 넘나드는 상상력이 조선 시대에 쓰인 것이라고는 믿어지지 않을 만큼 탁월하다.

● 작자 미상, 〈이조년 초상〉 부분
　1825년, 한국학중앙연구원

작자 미상, 〈서포 김만중 영정〉 부분
18세기, 전체 162.1×87.9cm,
비단에 채색, 국립중앙박물관

《구운몽》은 당시 양반들이 천대하던 한글로 지어진 작품이란 점에서 더욱 높게 평가된다. 서포는 우리말의 다양한 표현미를 살려 인물, 심리, 장면 등을 생생하게 풀어냈다. 그는 우리 문학은 우리 글로 써야 한다고 주장하기도 했다.《구운몽》은 양반 계층의 전유물이던 문학이 평민층에까지 널리 퍼지고, 고대소설의 황금시대가 도래하는 계기를 만들었다.

서포의 본관은 '광산'으로, 예학禮學의 대가 김장생의 증손자이자 숙종의 장인이었던 김만기의 친동생이다. 그는 16세인 효종 3년(1652) 진사에 1등으로 합격했으며 현종 6년(1665) 문과에 급제했다. 서포는 서인에 속했으며 공조판서와 대제학을 지냈다. 하지만 남인의 공격을 받아 유배형에 처해졌으며 56세를 일기로 유배지에서 병사했다. 서포는 인현왕후 폐비 사건을 소재로 한 《사씨남정기》의 저자이기도 하다. 이 또한 《구운몽》과 마찬가지로 한글 소설이다.

서포 영정은 서화에 능했던 김진규(1658~1716)가 그렸다고 전한다. 현전하는 초상화는 이모본이다. 정면관에 야인 차림이며 양손은 소매 안에서 마주 잡은 자세를 취하고 있다.

만화처럼
이야기를 담은 초상화들

사실적인 얼굴 묘사로 유명한 국보 제240호〈윤두서 자화상〉을 그린 공재 윤두서(1668~1715)는 인물화뿐만 아니라 산수, 영모(새나 짐승) 등에 두루 능했다. 국립중앙박물관이 소장한 〈진단타려도陳搏墮驢圖〉는 그러한 그의 면목이 유감없이 잘 드러나는 명작이다. 그림은 비라도 한바탕 뿌리고 난 뒤인 듯 청명한 숲을 배경 삼아 흰 나귀를 타고 가다가 떨어지는 선비, 그리고 이를 보고 혼비백산해 달려가는 수행 동자, 또 그 장면을 고개 돌려 지켜보는 행인을 묘사하고 있다. 그림 제목의 뜻을 풀이하면 '나귀에서 떨어지는 진단 선생'이다.

진단(871~989)은 중국 당나라 말에서 송나라 초 시대에 걸쳐 살았다. 도술에 능해 여러 왕조의 황제들이 그를 쓰려 했지만, 진단은 참된 군주가 없다며 청을 모두 거절하고 자연에 은거하며 지냈다.

어느 날 그가 흰 나귀를 타고 하남성 개봉으로 가던 중 조광윤(927~976)이 송나라를 세웠다는 소식을 듣게 된다. 그러자 진단이 "이제 천하가 안정될 것"이라고 소리치면서 박장대소하고 너무나 기뻐한 나머지 나귀에서 떨어지고 말았다는 이야기가 전한다. 그림은 이 순간을 실감 나게 표현한 것이다. 낙상 일보 직전인 선비의 표정은 고통스럽기는커녕 웃음이 넘치며 그러한 선비를 바라

希夷何事忽鞭駚非

醉非眠別有喜夫馬

微禄真主出徃今天

下可無悜

歲在乙未仲秋上浣題

윤두서, 〈나귀에서 떨어지는 진단 선생(진단타려도)〉
1715년, 110.9×69.1㎝, 비단에 채색, 국립중앙박물관

보는 행인의 얼굴에도 미소가 가득하다.

그림 좌측에는 다음과 같은 내용의 시가 적혀 있다.

희이希夷(진단의 호) 선생 무슨 일로 갑자기 안장에서 떨어졌나.
취함도 아니요, 졸음도 아니니 따로 기쁨이 있었다네. 협마영夾馬營
(조광윤의 고향)에 상서로움 드러나 참된 임금 나왔으니, 이제부터
온 천하에 근심 걱정 없으리라. 을미년 8월 상순에 쓰다.

시 말미에 '신장宸章'이라는 도장이 찍혀 있다. 신장은 임금의 친
필을 말한다. 이 시를 쓴 사람은 바로 숙종이다. 숙종이 그림을 보
고 받은 감동을 시로 옮겨 덧붙인 것이다. 왕의 글자는 단아하면서
도 거침이 없다. 숙종은 명필로 명성이 높았다.

그런데 희이 선생의 얼굴이 수상쩍다. 널찍한 얼굴과 큼직한 코
에 치켜 올라간 두 눈과 눈썹, 좌우로 길게 늘어진 수염은 다름 아
닌 〈윤두서 자화상〉(61쪽 참조)과 꼭 닮았다. 화가는 희이 선생에 자
신의 얼굴을 대입시켜 조선의 태평성대를 염원하는 마음을 담고자
했던 것이다. 그림 전체적으로 화사하면서도 산뜻한 청록색을 썼
고 나무와 바위에 반짝이는 효과를 준 것도 같은 바람에서다. 그러
나 현실은 그의 소망과는 달랐다. 남인에 속했던 윤두서는 당쟁의
한가운데서 셋째 형과 가장 절친한 친구를 한꺼번에 잃는다. 은둔
의 삶을 살던 윤두서 역시 이 그림을 그린 숙종 41년(1715) 해남에

● 작자 미상, 〈위암선생퇴청도〉 부분 (현 표기는 위암선생등청도)
조선시대, 전체 111×72㎝, 종이에 채색, 국립중앙박물관

서 죽는다.

인물화는 증명사진처럼 있는 모습을 그대로 그리는 초상화, 그리고 다양한 자연을 배경으로 사람의 모습을 묘사하는 형태가 있다. 후자의 경우 대개 신선 등 상상의 인물을 주로 그리지만 드물게 '진단타려도'처럼 실존 인물을 주인공으로 그림 속에 배치하기도 한다. 그런 면에서 국립중앙박물관이 보관 중인 〈위암선생등청도韋菴先生登廳圖〉도 드문 형식의 그림이다. '위암'은 영조 49년(1773) 종2품 이상의 퇴직 관리를 예우하기 위해 내리는 특별한 버슬 봉조하奉朝賀가 된 이최중(1715~1784)의 호다.

이최중은 1757년 10월부터 1758년 11월까지 삼척부사를 지냈다. 재임 중에는 화재, 창고의 환곡 유실, 왜적 침략 등 큰 사고가 끊이지 않았다. 농민 생활 안정에 관심이 높았던 그는 당시 과중한 세금으로 유랑민이 속출하고 있으니 현지 실정에 맞게 공물과 환곡의 양을 재조정할 것을 조정에 촉구했다. 앞서 1755년에는 경연 석상에서 세력 있는 자는 피폐한 고을에, 세력 없는 자는 좋은 고을에 임용토록 하는 수령 임용 방안을 진언해 영조에게 칭찬과 포상을 받기도 했다. 그림은 삼척부사 시절 관아에서 말을 끌고 퇴청하는 이최중을 표현한 것으로 추측된다. 그림 이름이 등청도로 붙여졌지만 건물을 나서는 모습인 데다 이들 건물이 개인 집이 아닌 관청으로 보여 퇴청도로 보는 게 옳다. 그림은 좌측과 하단부의 건물이 잘려있는 것으로 미뤄 일부만 남아 전해지는 것으로 보인다.

안장을 얹지 않은 말을 이끌고 수행원도 없이 쓸쓸히 퇴청하는 장면에서 목민관으로서의 고뇌가 느껴진다.

〈석천한유도石泉閒遊圖〉도 이채롭다. 조선 시대 무인인 석천 전일상(1700~1753)이 한가로이 더위를 피하고 있는 장면을 표현했다. 기둥에 세워져 있는 칼, 주인공 손 위의 매, 누각 아래에 험상궂은 마부가 물로 씻기고 있는 말, 악기를 연주하고 음식과 술을 나르는 관 기들 등 '무인4호武人四好'를 세밀하게 나열하고 있다. 그러면서도 종이, 붓, 벼루, 먹 등 '문방4우'와 책도 잊지 않고 배치해 문무

를 겸비하고 풍류를 즐기는 주인공의 호방함을 마음껏 표현했다.
이 그림은 1748년 당시 전라우수사였던 전일상의 의뢰를 받아 도
화서 화가였던 김희겸이 제작했다. 이종휘(1731~1797)의 문집《수
산집(修山集)》에는 "전일상의 체구가 크고 힘이 매우 셌으며 10인분을
가뿐히 먹었고 용단이 빨랐다"고 쓰여 있다. 성격이 포악해 형벌을
함부로 적용했다는 기록도 전해온다. 벼슬은 절도사에까지 올랐다.
형인 전운상, 동생인 전청상이 모두 무예에 현달했다고《수산집》은
기술한다.

영조의 즉위에 반발해 난을 일으킨 이인좌의 군대를 잘 방어한
공로로 분무공신 2등을 제수받은 이삼(1677~1735)의 전신상도 일반

청담, 〈이삼 초상〉
18세기, 62×40cm, 비단에 채색,
백제군사박물관

적인 전신상에 비해 매우 파격적이다. 나무에 앉은 매를 뒤로 하고 지휘봉을 짚고 칼을 찬 채 바위에 앉아서 쉬고 있는 자세가 여유로 우면서도 자신감이 충만하다. 무인복 차림에 체격도 무인에 걸맞게 다부지면서 가뿐해 보인다. 이삼은 경종과 영조의 신임이 두루 두터워 벼슬이 평안도 병마절도사, 어영대장, 훈련대장을 거쳐 공조판서, 한성부판윤에 이르렀다.

참
고
문
헌

도서

고연희·김동준·정민 외,《한국학, 그림을 그리다》, 태학사, 2013

국립중앙박물관,《북녘의 문화유산》, 삼인, 2006

문화재청,《한국의 초상화》, 눌와, 2007

배한철,《한국사스크랩》, 서해문집, 2015

오주석,《옛 그림 읽기의 즐거움 1》, 솔, 2005

유홍준,《화인열전 1, 2》, 역사비평사, 2001

유홍준,《유홍준의 한국미술사 강의 3》, 눌와, 2013

이칠강 외,《역사 인물 초상화 대사전》, 현암사, 2003

조선유적유물도감편찬위원회,《북한의문화재와문화유적(조선시대편)》, 서울대학교
출판부, 2002

《고려시대를 가다》, 국립중앙박물관, 2007

《초상화의 비밀》, 국립중앙박물관, 2011

논문 및 자료집

오준석,〈의기 계월향 초상화 채색 재료 고찰〉, 국립민속박물관 생활문물연구 제25권, 2009

이원복,〈신윤복 미인도에 관한 고찰-조선 미인도의 한 정형〉, 국립중앙박물관 미술
자료 66호, 2001

이원복 외, 국제학술심포지엄〈이슈와 시각, 동아시아의 초상화와 그 인식〉 자료집,
국립중앙박물관, 2011

임현우,〈국립고궁박물관 소장 반소된 공신 초상화의 주인공 검토〉, 고궁문화3호, 2010

정병모, 〈신라 경순왕 영정의 제작과 그 의의〉, 한국미술사연구소, 2010

최재목, 〈퇴계의 초상화에 대하여: 근현대기 '퇴계상' 탄생에 대한 성찰을 겸해〉, 퇴계학논집
제2호, 2008

《대한제국 황실의 초상: 1880~1989》, 가현문화재단·한미사진미술관, 2012

《사진으로 보는 북한 회화-조선미술박물관》, 국립문화재연구소, 2007

〈서거 250주기 추모 특별기획전 '사도세자'〉 자료집, 수원화성박물관·용주사효행
박물관, 2012

〈신라역사 인물 특별전 1- 원효대사〉, 국립경주박물관, 2010

《수원화성박물관》, 수원화성박물관, 2009

〈일본 도쿄국립박물관소장 오구라 컬렉션 한국 문화재〉, 국립문화재연구소, 2005

〈전국 초상화 조사 보고서〉, 문화재관리국, 1987

〈조선시대초상화학술논문집 '다시 보는 우리 초상화의 세계'〉, 국립문화재연구소, 2007

《조선왕릉 종합학술조사보고서 Ⅷ》, 국립문화재연구소, 2015

《조선화원대전》, 삼성미술관리움, 2011

《초상, 영원을 그리다》, 경기도박물관, 2008

《한국, 100개의 자화상》, 서울미술관, 1995

《한국문화재-일본소장4》, 한국국제교류단, 1997

얼굴, 사람과 역사를 기록하다

개정증보판 1쇄 2020년 3월 20일

초판 1쇄 2016년 9월 13일

지은이 배한철

책임편집 홍은비

마케팅 김형진 김범식 이진희

디자인 김보현, 이은설

펴낸곳 매경출판㈜ **펴낸이** 서정희

등록 2003년 4월 24일(No. 2-3759)

주소 (04557) 서울시 중구 충무로 2(필동1가) 매일경제 별관 2층

홈페이지 www.mkbook.co.kr

전화 02)2000-2610(기획편집) 02)2000-2636(마케팅) 02)2000-2606(구입 문의)

팩스 02)2000-2609 **이메일** publish@mk.co.kr

인쇄 · 제본 ㈜M-print 031)8071-0961

ISBN 979-11-6484-085-4(03910)

이 도서의 국립중앙도서관 출판예정도서목록(CIP)은 서지정보유통지원시스템 홈페이지(http://seoji.nl.go.kr)와 국가자료공동목록시스템(http://www.nl.go.kr/kolisnet)에서 이용하실 수 있습니다. (CIP제어번호: CIP2020006552)

《얼굴, 사람과 역사를 기록하다》 책 속 문장

역사에 관심이 있다면 성군의 대명사 세종대왕이 '걸어 다니는 종합병원'
이었다는 이야기도 들어봤을 것이다. 세종은 당뇨에 안질, 어깨통증, 다리
통증, 관절질환, 중풍, 임질까지, 평생 각종 질병을 달고 살았다.

'걷는 것도 버거웠던 거구의 위인들'에서

"명성황후의 첫인상은 차가웠다. 창백하고 마른 얼굴에 이목구비가 날카로
웠고, 사람을 꿰뚫어 보는 것 같은 총명한 눈을 지녔지만 아름답다는 인상
을 주지는 않았다."

'미국 가보기를 소원했던 명성황후'에서

중대범죄가 발생할 시 죄인을 부대시참不待時斬하는 동시에 그가 속한 고을
을 징벌적으로 강등하고 그 지역이 대읍일 때는 도의 이름까지 바꿨다. 충
청도가 이런 제도의 최대 피해자였다.

'충청도의 수많은 별칭, 치욕의 역사일까'에서

다산 정약용의 진본 초상화는 남아있지 않다. 충무공 이순신 영정을 그렸
던 원전 정우성의 다산 초상화가 1974년 표준영정으로 지정되었지만, 이
영정은 진본에 근거하지 않은 작가의 창작품이다.

'〈정약용선생초상〉은 다산의 진짜 얼굴일까'에서

이는 현전하는 유일한 사도세자의 그림이다. 큰 개를 따르는 강아지를 그
린 이 그림을 통해 사도세자가 아버지를 그리워하는 심정을 표현했다고
해석하기도 한다.

'뒤주에서 죽은 사도세자는 사이코패스였다'에서